T0107934

DANS LA MÊME COLLECTION

Anne BAUDART, *Qu'est-ce que la démocratie ?*

Bruno BERNARDI, *Qu'est-ce qu'une décision politique ?*

Christian BERNER, *Qu'est-ce qu'une conception du monde ?*

Hélène BOUCHILLOUX, *Qu'est-ce que le mal ?*

Christophe BOURIAU, *Qu'est-ce que l'humanisme ?*

Christophe BOURIAU, *Qu'est-ce que l'imagination ?*, 2 [e] édition

Alain CAMBIER, *Qu'est-ce que l'État ?*

Alain CAMBIER, *Qu'est-ce qu'une ville ?*

Patrice CANIVEZ, *Qu'est-ce que la nation ?*

Stéphane CHAUVIER, *Qu'est-ce qu'un jeu ?*

Stéphane CHAUVIER, *Qu'est-ce qu'une personne ?*

Paul CLAVIER, *Qu'est-ce que la théologie naturelle ?*

Jean-Pierre CLÉRO, *Qu'est-ce que l'autorité ?*

Marc DE LAUNAY, *Qu'est-ce que traduire ?*

Jérôme DOKIC, *Qu'est-ce que la perception ?*

Éric DUFOUR, *Qu'est-ce que la musique ?*

Hervé GAFF, *Qu'est-ce qu'une œuvre architecturale ?*

Pierre GISEL, *Qu'est-ce qu'une religion ?*

Jean-Yves GOFFI, *Qu'est-ce que l'animalité ?*

Gilbert HOTTOIS, *Qu'est-ce que la bioéthique ?*

Catherine KINTZLER, *Qu'est-ce que la laïcité ?*, 2 [e] édition

Michel LE DU, *Qu'est-ce qu'un nombre ?*

Pierre LIVET, *Qu'est-ce qu'une action ?*, 2 [e] édition

Lorenzo MENOUD, *Qu'est-ce que la fiction ?*

Paul-Antoine MIQUEL, *Qu'est-ce que la vie ?*

Jacques MORIZOT, *Qu'est-ce qu'une image ?*

Roger POUIVET, *Qu'est-ce que croire ?*, 2 [e] édition

Roger POUIVET, *Qu'est-ce qu'une œuvre d'art ?*

Joseph VIDAL-ROSSET, *Qu'est-ce qu'un paradoxe ?*

John ZEIMBEKIS, *Qu'est-ce qu'un jugement esthétique ?*

QU'EST-CE QUE L'ARGUMENTATION ?

COMITÉ ÉDITORIAL

Christian BERNER

Stéphane CHAUVIER

Paul CLAVIER

Roger POUIVET

CHEMINS PHILOSOPHIQUES

Collection dirigée par Roger POUIVET

Michel MEYER

QU'EST-CE QUE L'ARGUMENTATION ?

Paris

LIBRAIRIE PHILOSOPHIQUE J. VRIN

6, place de la Sorbonne, V^e

2008

En application du Code de la Propriété Intellectuelle et notamment de ses articles L. 122-4, L. 122-5 et L. 335-2, toute représentation ou reproduction intégrale ou partielle faite sans le consentement de l'auteur ou de ses ayants droit ou ayants cause est illicite. Une telle représentation ou reproduction constituerait un délit de contrefaçon, puni de deux ans d'emprisonnement et de 150 000 euros d'amende.

Ne sont autorisées que les copies ou reproductions strictement réservées à l'usage privé du copiste et non destinées à une utilisation collective, ainsi que les analyses et courtes citations, sous réserve que soient indiqués clairement le nom de l'auteur et la source.

© *Librairie Philosophique J. VRIN,* 2005

Deuxième tirage

Imprimé en France

ISBN 978-2-7116-1737-1

www.vrin.fr

POUR UNE THÉORIE UNIFIÉE
DE L'ARGUMENTATION

LA CRISE DES VALEURS ET LA RÉSURGENCE DE LA RHÉTORIQUE :
LA PROBLÉMATICITÉ GÉNÉRALISÉE

Depuis la fin du siècle passé, la pensée et la raison, la pensée comme raison, sont en crise. C'est le fondement même de la rationalité qui se trouve remis en question. Mais qu'entend-on depuis toujours par fondement ? Un fondement est ce qui permet de résoudre les questions qui se posent à nous, un principe de résolution qui autorise la décision, et sans remonter jusqu'à l'hypothèse d'un « principe des principes » ou principe suprême, on peut dire simplement qu'il s'agit là d'un hors-question par rapport à la question qu'il faut considérer. Une théorie déjà admise, des lieux communs, des valeurs, des réponses acquises antérieurement ou par ailleurs, des prémisses, des lois, sont autant de principes pour une foule de problèmes qui peuvent se poser ici ou là. L'idée de principe renvoie au sein d'une même démarche à la différence de ce qui est en question et de ce qui ne l'est pas, et que l'on appellera simplement une réponse.

Or, le principe du répondre devient problématique avec Marx, Nietzsche et Freud, et c'est la raison tout entière qui vacille ainsi au siècle passé. En fait, non seulement ce qui était acquis cesse de l'être, mais la question de savoir ce qui vaut désormais comme réponse va se poser. L'étalon qui sert à évaluer la résolution va s'effriter de plus en plus. Ainsi, l'assurance cartésienne de trouver dans l'évidence de la conscience de soi les sources même de toute assurance possible va s'effondrer. Que ce soit l'Histoire, l'inconscient ou l'incertitude des vérités qui apparaisse au premier plan, c'est finalement l'idée de l'homme-fondement, ou encore celle qu'il y a un tel fondement, quel qu'il soit, qui se trouve récusée.

Deux grandes réponses vont sortir de cette problématicité généralisée : d'une part, le *nihilisme*, qui affirme que tout étant devenu problématique, plus aucune réponse n'est possible, sauf, paradoxalement, cette réponse ; d'autre part, le *positivisme*, qui fera de la science existante avec ses réponses le modèle de toute réponse possible. Mais est-ce là une réponse qui est elle-même scientifique ? Bien évidemment non, car elle n'est vérifiable ni logiquement ni expérimentalement, ce qui prouve en tout cas que le positivisme est lui-même infondé aux yeux de ses propres normes.

L'opposition entre le nihilisme et le positivisme a eu d'innombrables échos : la mort du sujet en philosophie, le sentiment de l'absurde (Camus) et le culte de l'action (Malraux) ou de l'Histoire (Sartre). Les ruptures formelles en musique comme en peinture sont allées de pair avec un développement prodigieux des sciences, une fois libérées du carcan métaphysique qui tissait les conceptions du monde implicites des savants et de leurs « paradigmes ».

En droit, on a pu voir un « positivisme juridique », avec Kelsen[1], côtoyer un relativisme *plus ou moins* grand, laissant ainsi le soin au juge d'arbitrer entre les interprétations concurrentes des textes juridiques.

C'est cette pluralité d'opinions, de valeurs et de points de vue qui a aussi amené le renouveau de la rhétorique. La problématicité* est ce qui la sous-tend, en ce qu'elle traduit cette ouverture sur le pluriel des réponses possibles.

LES DIFFÉRENTES CONCEPTIONS DE LA RHÉTORIQUE ET DE L'ARGUMENTATION

Avec le problématique qui a surgi et s'est généralisé, l'alternative a émergé comme concept-clé, mais aussi, à travers elle, le conflit, le débat, donc l'argumentation. Comment distinguer celle-ci de la rhétorique à laquelle on l'a parfois identifiée (Perelman[2])? Mais surtout, comment caractériser la rhétorique? On l'a fait principalement en ouvrant l'espace du discours propositionnel sur la contingence des vérités et la fluctuance, parfois contradictoire, des opinions. Car, à côté de la nécessité et de la contraignance apodictique du vrai, on observe qu'il y a du possible, du probable, du simplement vraisemblable, dont il faut bien tenir compte et rendre compte. Comment une telle ouverture est-elle possible, si la proposition est nécessairement vraie ou fausse, qu'elle n'admet pas

---

* Pour certains termes techniques, nous renvoyons au glossaire en fin de volume.

1. H. Kelsen, *Théorie pure du droit*, trad. fr. C. Eisenmann, Paris, Dalloz, 1962.

2. C. Perelman (et L. Olbrechts), *Traité de l'argumentation. La Nouvelle Rhétorique*, 1re éd., Paris, PUF, 1958; 5e éd., Bruxelles, Éditions de l'Université de Bruxelles, 1988.

l'incertitude de ses valeurs de vérité, si ce n'est provisoirement comme un état d'ignorance? A l'aune de l'ordre proposi- tionnel, la rhétorique, parce qu'elle opère au niveau du contra- dictoire et des opinions aussi valables l'une que l'autre, sera toujours le parent pauvre de la raison, vu qu'elle se situe avant la décision d'exclure l'un des termes de l'alternative pour accéder à la vérité. Au fond, l'ordre propositionnel, avec sa nécessité de vérité, avec l'exclusion des opposés, avec son culte de l'apodicticité, ne peut rendre compte du champ rhéto- rique alors même qu'il en constate l'évidence et la réalité, puisque l'on parle de ce qui est possible, opposable, où l'on a A *et* non-A. La seule manière de sortir de ce constat d'impossi- bilité est d'admettre que ce dont on discute est une question, un problème, donc une alternative, ce qui fait qu'on a A *et* non-A. La contradiction n'existe qu'au niveau des réponses, celles qui résolvent et tranchent, et non à celui des questions et du discours qui sert à les traduire. On a donc deux types de discursivité, et on ne peut projeter les lois de l'une sur l'autre, comme, par exemple, la loi de non-contradiction qui rend impossible A *et* non-A, alors que c'est la base même de la rhétorique que de voir les deux en présence.

La seule rhétorique possible aujourd'hui est donc de nature problématologique, car on débat de problèmes et de questions avant tout, et si on considère, comme on l'a toujours fait, que la rhétorique s'occupe plutôt de propositions, sa rationalité devient inexplicable, puisque impossible au regard d'un ordre qui nous assure que la proposition est ou vraie ou fausse, sans alternative possible. C'est comme si la discursivité, le langage, devait commencer là où les réponses se sont imposées, et non quand les questions s'expriment. Une rhétorique proposition- nelle est finalement une aberration de principe, une contra- diction dans les termes. Or, c'est malheureusement sur cette base-là qu'on l'a toujours définie jusqu'ici.

Si l'on analyse bien toutes les définitions qu'on a données de la rhétorique par le passé, elles s'arrêtent les unes à l'art de parler, aux marques argumentatives ou au style, bref, au *logos*, et les autres, à l'intention de l'orateur, à ce qu'il veut dire derrière ce qu'il dit. On appelle cet aspect-là des choses l'*ethos*. D'autres définitions préfèrent évoquer la manipulation, le charme, l'envoûtement, le verbiage sans fond qui plaît et émeut ; c'est ce que l'on appelle le *pathos*. Les conceptions de la rhétorique que l'on rencontre généralement mettent l'accent sur l'une ou l'autre de ces trois composantes, l'*ethos*, le *pathos*, ou le *logos*. Pourtant, ces trois paramètres sont indissociables, ce qui fait que la rhétorique se ramène à un rapport inter-subjectif entre un locuteur (*ethos*) et un auditoire (*pathos*), via un ou du langage (*logos*).

D'où notre définition :

> La rhétorique est la négociation de la distance entre les individus à propos d'une question.

Il est intéressant de se pencher sur l'une des grandes réductions de la rhétorique dans l'histoire, celle qui consacre la primauté du *logos*.

L'argumentation a été la théorie de la raison, bien avant que la philosophie ou que la science ne s'en emparent. Avant de s'effacer en l'une ou sous l'autre. Le raisonnement deviendra alors formel, et plus tard mathématique. Ce ne sera qu'au vingtième siècle que la rhétorique resurgira en propre grâce à l'étude du langage et comme phénomène de langage.

Il n'empêche que l'on peut classer malgré tout les grandes conceptions de la rhétorique et de l'argumentation en catégories distinctes selon l'accent qui est mis sur tel ou tel aspect de la relation intersubjective.

Aristote avait bien vu que cette relation forme un trip-tyque : il y a l'orateur, l'auditoire et le message, ou si l'on préfère, l'*ethos*, le *pathos* et le *logos*. Ce sont là les trois dimensions fondamentales de toute rhétorique, de toute argumentation possibles. Et ici, on ne fait pas encore de distinction entre rhétorique et argumentation, ou pour parler comme Aristote, entre rhétorique et dialectique.

Si l'on se penche quelque peu attentivement sur les différentes théories rhétoriques ou argumentatives d'hier et d'aujourd'hui, on peut observer qu'elles prétendent toutes partir de l'*ethos*, du *pathos* ou du *logos* pour déduire les deux autres niveaux comme des dérivés, des conséquences. En fait, elles ne mettent pas ces trois composantes sur le même plan, mais en privilégient toujours une, comme si elle était première par rapport aux deux autres.

Le phénomène n'est pas nouveau. Platon, dans son combat contre les Sophistes, assimilait la rhétorique à une théorie du *pathos*, faisant de celle-ci une entreprise de manipulation de l'auditoire qui opère sur les passions de ceux qui le composent. Les rhétoriciens romains, soucieux de mettre en avant les « vertus républicaines », le droit et les qualités morales de celui qui s'adresse aux autres, fût-ce pour obtenir leurs suffrages, ont davantage souligné le rôle de l'*ethos* et de manière générale, l'importance des qualités de l'orateur. Pour un Cicéron[1] ou un Quintilien[2], l'art oratoire est un art de l'éloquence et du bien-parler, que ce soit pour émouvoir ou pour convaincre, pour séduire ou raisonner. Et aujourd'hui, avec l'importance nouvelle accordée au langage, et plus particulièrement au langage naturel, qui est celui de la vie de tous les jours, c'est le

---

1. *De l'invention*, *De l'orateur*, *Les Topiques*, *Divisions de l'oratoire*, sont les principaux ouvrages que Cicéron a consacrés à la rhétorique. Ils sont tous traduits aux Belles Lettres.

2. Quintilien. *L'Institution Oratoire*, trad. fr. J. Cousin, Paris, Les Belles Lettres, 1re éd. 1975.

logos qui s'est imposé comme la dimension fondamentale de l'argumentation et de la rhétorique. Ce primat du *logos* s'étend des figures de style à la logique non formelle du raisonnement naturel, issue de Toulmin[1], et couvre la théorie littéraire aussi bien que la linguistique qui, avec Ducrot[2], repère dans la langue des marqueurs argumentatifs auxquels, trop souvent d'ailleurs, les épigones semblent réduire l'argumentation. Encore et toujours, le réductionnisme est à l'œuvre. Cela soulève la question de ce qu'est le *logos* au juste pour la rhétorique comme pour l'argumentation. Le *logos* est-il assimilable au style ou à la logique? Est-il plutôt rhétorique (et littéraire, figuré) qu'argumentatif (et juridique) comme le soutient, par exemple, un Perelman? Faute de conception plus systématique de ce qu'est la rhétorique, on ne peut trancher de façon non arbitraire, et les points de vue, multiples et parfois incompatibles, ne peuvent que coexister. Or, si l'on souhaite que la rhétorique ait d'autres bases que ses tendances, il convient de proposer une unité d'approche qui s'applique *autant* au *logos* et au *pathos* qu'à l'*ethos* comme à leur interaction.

Pour offrir une telle conception unitaire, il faut bien comprendre ce qui se joue dans la relation langagière comme dans le raisonnement, et quel rôle est imparti à l'auditoire comme à l'orateur. Pourquoi sont-ils en relation, de quoi débattent-ils, et s'ils sont d'accord, quel est le sens de leurs rapports où l'un expose à l'autre quelque chose au travers d'un langage? Toutes ces questions, il faut le déplorer, n'ont plus été soulevées depuis Aristote avec la force fondatrice qui

1. S. Toulmin, *Les usages de l'argumentation*, paru en anglais la même année que le *Traité* de Perelman (1958), a été publié en français, Paris, PUF, en 1993.

2. O. Ducrot. *Le dire et le dit*, Paris, Éditions de Minuit, 1994, et pour une synthèse de ses travaux, voir le livre qu'il a écrit avec J.-Cl. Anscombre, *L'argumentation dans la langue*, Liège, Mardaga, 1984.

s'impose. Comme si la rhétorique allait de soi, malgré l'ombre réprobatrice du vieux Platon [1] qui plane sur elle, l'assimilant à de la propagande, à de la manipulation politique, malgré l'éclatement et le rétrécissement de la rhétorique, malgré la soi-disant faiblesse des conclusions de l'argumentation par rapport aux sciences en général et à la logique en particulier.

Est-ce trop audacieux, en ce début de siècle, que de proposer une vision nouvelle qui reprenne *a minima* les exigences et les conditions de la relation langagière intersubjective ? N'est-ce pas là une démarche aussi fondamentale que nécessaire ?

Lorsqu'il se noue une transaction langagière, c'est parce qu'une certaine distance, qu'une différence se trouve en jeu. La différence entre les sujets est bien sûr ce qui fait que l'on a affaire à des individus différents. La distance entre chacun et chacun en consacre l'individualité. La rhétorique est donc constitutive de celle-ci, et il n'y a pas d'humanité possible – certains diront même d'humanisme – sans rhétorique (Cicéron). Celle-ci se manifeste lorsque cette distance, naturelle si l'on peut dire, ontologique si l'on préfère, devient un enjeu. On vise un rapprochement, ou au contraire un éloigne-

---

1. Le grand texte de Platon, où il critique la rhétorique est le *Gorgias*. Dans le *Phèdre*, il défend une théorie du discours vrai, qui est à ses yeux la seule vraie rhétorique. Platon appelait dialectique la vraie science, parce que, pour lui, on a affaire à des alternatives qui disparaissent une fois résolues : entre A et non-A, une proposition est vraie, l'autre est fausse. La dialectique tranche. Le faux disparaît. Aristote sera moins radical – ou moins naïf –, préférant voir dans la dialectique le jeu contradictoire du débat, où chacun croit avoir raison, laissant à la science d'autres procédures, comme le syllogisme logique, où la conclusion découle nécessairement des prémisses, sans alternative possible. Platon, lui, assimilait la dialectique à la science, sans voir leurs différences. Cela explique qu'il n'ait pas pu développer une théorie scientifique du syllogisme, assimilant la science à une argumentation vraie et fondée, alors que la science et l'argumentation sont deux démarches distinctes. Une argumentation s'autorise toujours d'une contestation possible ; la science, elle, propose des réponses univoques, qui se veulent fondées et incontestables.

ment, et c'est ce qui se négocie par et dans la rhétorique. S'il y a enjeu, si quelque chose se trouve *mis en question*, c'est donc qu'une *question*, un problème, manifeste cette distance. La question est ce dont il est question dans la négociation, une question qu'il s'agit de résoudre afin de faire aboutir cette négociation. La question est ce qui divise, sépare, cause l'affrontement, ou simplement la distance, tout comme elle peut être ce sur *quoi* on s'entend dès le départ et qui unit les individus, lesquels expriment alors les uns aux autres ce qui confirme leur accord. Elle est, si l'on veut, la mesure de leur distance, qui par ailleurs peut être faible si les individus concernés s'entendent sur d'autres problèmes.

Argumenter consiste à trouver les moyens pour provoquer une unicité de réponse, une adhésion à *sa* réponse auprès de l'interlocuteur, donc à supprimer l'alternative de leurs points de vue originels, c'est-à-dire la question qui incarne cette alternative.

Argumentation et rhétorique : on les a souvent amalgamées, et encore récemment, Perelman a pu sous-titrer son *Traité de l'argumentation* la « Nouvelle Rhétorique ». Barthes[1], lui, appelait plutôt rhétorique la théorie littéraire, avatar du genre épidictique qui consacre les jugements sur le beau et l'approbation en général, ce que Barthes dénommait justement « le plaisir du texte ». L'argumentation, ainsi exclue du champ de la rhétorique, ne pouvait plus être alors qu'un raisonnement logique affaibli, ne présentant que des conclusions probables.

En réalité, l'argumentation présente une spécificité indéniable tout en faisant partie de la rhétorique à laquelle il

---

1. Sa conception se trouve surtout dans son étude *L'ancienne rhétorique*, publiée à l'origine dans *Communication 16*, 1970, reprise dans *L'aventure sémiologique*, Paris, Seuil, 1988.

convient ni de l'identifier ni de l'opposer. Ce qui caractérise en propre l'argumentation est le raisonnement, lequel repose non sur la forme, comme en logique, mais sur les éléments maté- riels, le sujet traité. D'autre part, pour parler comme Aristote [1], c'est l'opposabilité de la thèse, son aspect problématique, qui fait que l'alternative s'incarne dans une opposition – dialec- tique – entre individus qui croient chacun en l'un des termes de l'alternative, mais bien sûr, pas le même. Ensuite, l'argumen- tation visant à produire l'adhésion à une seule réponse, dont il s'agit de persuader l'Autre, le problème de départ s'abolit dans *la* réponse finale qui doit aussi répondre à la problématique de l'Autre pour s'imposer à lui. Mais ce n'est là que le point d'aboutissement, le résultat du processus argumentatif. De là, on infère trop souvent, par ricochet pour ainsi dire, que la distance entre les individus n'est pas importante, que seules les techniques d'adhésion marquent en propre l'argumentation (Perelman). En fait, l'argumentation fait partie de la rhéto- rique puisque le but de celle-là est de réduire la distance entre les sujets en résolvant la question qui les divise. Mais en argu- mentation, tout le poids de l'attention est sur la question et non sur la distance qu'elle traduit : on débat, on discute d'une question et c'est elle qui détermine le raisonnement à suivre. Le *logos* peut s'appuyer sur l'explicitation de la question qui a justifié sa mise en mouvement, comme il peut opérer en l'escamotant. Si apparaissent au loin des cordes enroulées qui font penser à des serpents, le problème est de savoir si ce sont vraiment des serpents ou de simples cordes, donc s'il y a danger ou si l'objet que l'on va devoir enjamber est inoffensif. En qualifiant ce que l'on voit de cordes qui bougent, de cordes

---

1. On trouvera sa théorie de l'argumentation, ou dialectique, dans les *Topiques*, trad. fr. nouvelle, J. Tricot, Paris, Vrin, 1990 et sa rhétorique dans *La Rhétorique*, trad. fr. Ruelle, Paris, Le Livre de Poche, 1991.

vivantes (ou de serpents, presque immobiles), sans se prononcer sur la nature exacte de ce qui se dessine au loin, le locuteur gomme le problème par sa réponse, qui ne résout rien, et partant, le débat s'estompe, et la qualification devient, comme l'on dit, « de la rhétorique ». A-t-on déjà vu des cordes qui bougent ? Traduisez : on opère l'escamotage des vrais problèmes dans ce qui l'évacue formellement, cela peut dans certains cas aller jusqu'au verbiage, tout en demeurant une façon de parler, voire une figure de style, etc. Là où la rhétorique efface par les effets oratoires les vraies questions, l'argumentation les prend à bras-le-corps. On peut d'ailleurs mélanger les deux, en qualifiant de manière imagée ce qui fait question afin de la résoudre. C'est le propre du discours figuré. Le raisonnement ne peut commencer qu'après la qualification, qui permet de trier les problèmes. C'est ce qui rend parfois difficile la distinction du *processus* argumentatif de la rhétorique mise en œuvre. Mais il est certain qu'une grande différence tient à cet aspect dialectique présent dans une argumentation, qui voit ainsi une question explicitement abordée, parfois à l'aide de marqueurs qui appartiennent à la langue. On pense ici aux exemples de Ducrot[1]. Si l'on se réfère à l'usage du marqueur *mais*, par exemple tel qu'on le trouve dans une phrase comme « Il fait beau *mais* pas assez chaud » destinée à faire comprendre à l'interlocuteur qu'on ne désire pas se promener avec lui, le *mais* apparaît comme la marque de la question « Allons-nous nous promener ? ». Le marqueur relie un argument pour et un argument contre, A et non-A, ce qui renvoie à une alternative, à une question, et si l'argument contre est mis en avant, c'est clairement pour annoncer et même pour souligner la réponse finale, c'est-à-dire ici, la réponse négative.

---

1. Entre autres dans *L'argumentation dans la langue*.

Bref, l'argumentation semble se jouer à un niveau où le langage prime sur les individus. En effet, elle opère expressément sur le problématique, alors que la rhétorique, qui se focalise sur les sujets et leurs relations, semble rendre accessoires les arguments – ceux-ci n'étant plus alors, comme l'on dit, que « de la rhétorique ! » – en comparaison de l'essentiel, qui est le rapport intersubjectif. Mais cette opposition n'a bien évidemment de sens qu'en dehors des conceptions qui assignent au questionnement le rôle central et moteur qu'il a en rhétorique et en argumentation, malgré leur différence, dont il permet d'ailleurs de rendre compte, car on a vu que le *logos* n'a pas plus d'importance que la relation différentielle *ethos-pathos*, qu'il sert à traduire. Trop souvent, les théories de l'argumentation, d'hier comme d'aujourd'hui, *partent* de l'impératif d'adhésion, se concentrent sur les *techniques* qui visent à obtenir celle-ci, et réduisent la définition ou le champ de l'argumentation à la mise en œuvre des techniques de persuasion. En clair, elles oublient ou laissent de côté ce qui en est le fondement inaugural : la question soulevée. Sans elle, il n'y a pas de débat, ni même de différence et de distance, car c'est par une question que la distance s'exprime. Elle en est la marque et le porteur. Elle concrétise la différence entre les individus, et en un certain sens, elle est le miroir de leur individualité. Ils *se* manifestent en propre dans cette négociation de leur distance, négociation qui n'est en fin de compte, qu'une résolution ou un traitement de ce qui est problématique.

S'impose alors la question de savoir quelle est précisément la différence entre la rhétorique et l'argumentation si les deux traitent du problématique, un problématique qu'on ne peut résoudre et évacuer une fois pour toutes par une réponse univoque ? En fait, la rhétorique aborde ces questions par le biais des réponses, comme si, du même coup, elles étaient résolues. Cette apparence, cette illusion, tient à l'angle d'approche des questions, puisqu'on fait comme si elles ne se posaient plus, ce qui est garanti par le fait qu'on n'offre que les réponses. Pour que cela marche, – car cela relève du coup de force – il faut du style, de la forme, et disposer d'un art de transformer le problématique en non-problématique, et surtout, de le faire croire. De là vient l'image manipulatrice de la rhétorique, mais aussi l'association avec la fiction et le bien-dire, qui peuvent anesthésier la mise en question. D'autre part, l'argumentation, dont le modèle sera de plus en plus le droit, se joue non en abordant les questions par le biais des réponses, mais en les présentant expressément et d'entrée de jeu comme des alternatives. D'où le rôle de l'accusation et de la défense au tribunal, qui s'affrontent sur une question donnée mais surtout, sur une question qui est claire et explicite. Une question qui est une mise en question, une contestation, un débat sur cette question. La rhétorique, elle, s'attache davantage à l'intersubjectif, aux passions, aux émotions, aux différences entre les individus, qui peut-être s'opposent de surcroît. On le voit bien, par exemple, dans les diverses manifestations de *politesse*. A quoi sert la politesse, la civilité ? Comme le terme l'indique, à vivre en société, à se supporter les uns les autres, à annuler l'agression dont l'Autre est potentiellement porteur, par principe, en tant qu'Autre, en tant qu'être distinct, différent, voire qui s'oppose, un Autre que nous mettons toujours en question de par notre propre altérité. Cette altérité ébranle tout ce qui est hors-question en nous, à commencer par nous-mêmes, indépendamment de toute question particulière, par sa distance, donc sa subjectivité propre. Comme si, toujours, l'Autre nous jugeait et interrogeait implicitement nos croyances, nos opinions, nos attitudes, nos paroles, bref nous mettait en question en étant simplement tel qu'il *est*. Mais ce qui vaut pour lui vaut pour nous, et lui aussi doit nous voir comme interrogeant ce qu'il est et pense. Or, la vie en société ne peut admettre que chacun mette en question chacun. Il faut même annuler le processus de mise en question en transformant celle-ci : on demandera alors « comment ça va ? » ou « comment va la santé ? », comme pour indiquer à l'autre qu'on s'intéresse à lui, faisant des questions expresses qu'on lui adresse des manifestations de cet intérêt, alors même qu'on n'en éprouve aucun réellement. La politesse annule toute mise en question, ce qui abolit la distance afin d'induire le sentiment de communauté. Il y a dans le gommage de toute problématicité la source d'un genre rhétorique à part entière, sur lequel on reviendra : le genre *épidictique*, centré sur le discours conventionnel, d'approbation et de désapprobation. Comme c'est là le but de la rhétorique, le formalisme du genre épidictique a progressivement été assimilé à la rhétorique en général. Le droit, la morale, la politique ont peu à peu disparu de la rhétorique pour devenir des préoccupations à part entière. La civilité vise à atténuer la distance en faisant comme si aucun problème n'existait, comme si la réciprocité dans l'acceptation de l'autre ne soulevait aucun embarras et allait de soi. Le caractère construit de la civilité montre bien qu'il s'agit là davantage d'une exigence sociale, d'un impératif de la vie en commun, qui est d'autant plus vite démenti par celle-ci que la civilité se marque par des formes considérées comme de plus en plus vides, encore qu'utiles dans le rapport à autrui. Car les questions resurgissent, inéluctablement, simplement du fait que l'Autre est autre.

L'AUTONOMISATION DU DIT ET DE L'ÉCRIT COMME INTERROGATIVITÉ VIRTUELLE DES RÉPONSES

La dualité fondamentale du langage est la différence question-réponse, que j'ai appelée ailleurs *différence problématologique*. Elle est à la source du langage en ce que ce dernier répond à la problématique humaine, dont l'interaction dialogique est une dimension essentielle sur laquelle vient se greffer le problème d'informer, de communiquer, de persuader, etc. A un premier stade, la différence problématologique se matérialise dans l'opposition de l'explicite et de l'implicite : les réponses se disent, c'est le but, tandis que les questions disparaissent ou ne se formulent pas, relevant donc de l'implicite. D'autre part, si les problèmes ne se disent pas, ils peuvent néanmoins se laisser exprimer, et cela laisse alors la place à une manière de répondre spécifique, qu'on appelle proprement *problémato-logique*. Tout discours, de la simple phrase au grand texte, peut ainsi assurer *a priori* la double fonction du langage : traiter des problèmes qui s'y posent en cn *proposant* la solution ou en en exprimant la nature interrogative. Dès lors, une proposition, un discours, peuvent aussi bien énoncer la question que la solution. Une expression *apocritique* (= caractérisant une réponse), quoique apocritique par rapport à la question qu'elle résout – c'est là la définition du caractère apocritique d'une proposition ou d'un discours – est donc également *problématologique* (= expressive d'une question). De quelle question une réponse est-elle le renvoi ? A première vue, de la question qu'elle résout. Si elle la résout, et que c'est là le seul renvoi possible, elle n'a alors qu'une fonction possible, la fonction apocritique. La reformulation problématologique de la question serait sa solution que cela irait à l'encontre de la distinction question-réponse, puisque cette reformulation ne ferait que dupliquer la question initiale : on ne va pas résoudre une question en la répétant simplement. Dès lors, la question à laquelle la réponse renvoie (problématologiquement) diffère de celle qu'elle résout (apocritiquement). La réponse, en tant qu'unité apocritico-problématologique, définit *deux* questions au moins, et c'est par là que se trouve fondée la possibilité dialogique du langage en même temps que l'autonomisation des réponses *par rapport aux questions qui les ont fait naître*.

Faire référence au problématologique, c'est ramener un discours aux problèmes, ceux dont il est issu, ceux qu'il soulève. Bref, le problématologique, conçu de manière large comme tout renvoi aux questions, semble couvrir autant le champ de l'apocritique, qui est l'ordre de la solution, que les renvois particuliers aux questions. N'est-ce pas retomber dans l'indifférenciation problématologique ? Non, bien évidemment. Il y a les questions que l'on résout et celles que la résolution amène. La référence problématologique de la *réponse* ne peut donc qu'exprimer l'idée de différence, problématologique en l'occurrence.

Que le discours soit, par nature, apocritique et problématologique n'implique en rien qu'une *nouvelle* question ait surgi, une fois disparue celle qu'il résout. Pour qu'apparaisse une question nouvelle, il faut nécessairement une médiation *via* laquelle se trouve problématisé ce qui était hors question. Deux notions sont ici en jeu : le problématique (*vs* le problématologique) et le médiateur de son émergence. L'actualisation du problématologique est le problématique : problématiser une assertion qui n'était que réponse, faisant potentiellement question, est affaire de *contexte*. Le contexte est le médiateur de la différence problématologique, il est ce par quoi *hic et nunc* s'instaure en acte une différence entre ce qui fait question et ce qui fait réponse. Étant donné que ce qui fait réponse à un problème donné ne peut être question pour le même locuteur qui a résolu celle-ci par la réponse proposée, force est de conclure que, s'il y a encore question, c'est parce que le contexte comporte nécessairement *deux* questionneurs au moins. L'un pour lequel la réponse est réponse, sans plus, l'autre pour lequel elle fait problème. Ceci signifie que la réponse n'est pas seulement réponse car elle continue de poser question : soit en ne résolvant pas la question qu'elle se proposait de résoudre ; soit en suscitant une ou plusieurs questions autres, qu'elle exprimerait ou aiderait à résoudre. Dans tous les cas, elle appelle réponse, parce que question ; réponse qui peut aller du silence, d'approbation ou de désintérêt, à la négation de rejet pur et simple, en passant par l'ajout qui complète ou retranche [1].

Quoi qu'il en soit, le contexte est le médiateur par lequel s'actualise la différence question-réponse au niveau des réponses produites qui posent alors de nouvelles questions. *Exemple* : Si quelqu'un dit « ma voiture est en panne », le contexte seul va déterminer ce que le locuteur attend comme réponse : « veux-tu que je t'aide ? », « Allons chez le garagiste avec ma voiture », ou plus cyniquement, « c'est dommage, car elle est presque neuve ». Plus le contexte est riche en information sur ce qui peut faire problème *en l'occurrence*, plus la forme s'autonomise par rapport au souci de traduire par elle la différence problématologique. Inversement, moins le contexte permet de différencier ce qui fait question et ce qui résout, plus la forme doit le faire. En littérature, tout le poids est sur la forme, le style, et le contexte est en réalité un co-texte. Tout ceci pour dire que le contexte resitue le discours qui est polysémique par nature ou par fonction, en s'autonomisant par rapport aux questions dont il est issu. La forme matérialise cette autonomie, ce que le contexte pondère en proportion inverse, comme on l'a vu ci-dessus.

La contextualisation de la différence problématologique permet aux protagonistes du discours de voir, par exemple, derrière une phrase interrogative une assertion, ou vice versa, et de déterminer à quoi répond l'assertion ou la question. D'une manière générale, la différence problématologique se *marque*

---

1. Sur ces possibilités d'interaction, voir *infra*, p. 64 *sq*.

d'autant plus par la forme que le contexte est peu informatif sur ce qui est problématique et ce qui ne l'est pas ; elle *doit* se marquer d'autant moins par la forme que le contexte permet à l'auditoire de différencier les problèmes que soulève le locuteur et les solutions qu'il propose. Un interlocuteur qui sait ce que pense le locuteur de X *saura* qu'une phrase comme « N'est-il pas malhonnête ? » *est* l'affirmation déguisée de son opinion sur X. Mais *in abstracto*, cette phrase peut être considérée autant comme une authentique demande d'information que comme une insinuation.

L'argumentation porte toujours sur le lien question-réponse, sur leur adéquation et ce qui la fonde. Le *logos* est son lieu de prédilection. Il n'empêche que la question débattue renvoie toujours à une différence dans des *positions* respectives, donc à des sujets. Négocier une distance, donc une question, n'est pas *forcément* argumenter, car on peut très bien vouloir maintenir, ou même accroître la distance, pour des raisons sociales, politiques ou simplement de circonstances. Insulter un automobiliste qui vous a fait frôler l'accident mortel est un bon exemple. Par là, le locuteur condamne son interlocuteur, il le met irrévocablement à distance mais ne cherche évidemment pas à le convaincre ni même à le séduire. Au contraire, il « négocie » la distance en l'exprimant comme irréductible, et la rhétorique propre à l'insulte n'a d'autre but que de souligner une infériorité sans espoir, source de colère. Pas d'argumentation ici, mais une réelle rhétorique, car se trouve à l'œuvre une logique destinée à consacrer une infériorité, comme dans d'autres situations, ce sera l'égalité ou la supériorité des sujets en présence qui va dessiner les modalités de la distance intersubjective. L'argumentation est sans doute de nature plus rationnelle, et Aristote – déjà lui – l'identifiait à une logique du discours probable, par opposition non seulement à la logique syllogistique, mais aussi, et on l'oublie trop souvent, à la rhétorique. Il faisait de celle-ci le pendant (*anti-strophos*) de la dialectique, de l'argumentation. Entendez par là, comme il l'affirme lui-même, un rapport à des questions qui sont communes à tous, au groupe, si ce n'est que la rhétorique semble les gommer pour n'en présenter que la solution, là où l'argumentation prend en compte explicitement les problèmes pour les traiter. Ceci engendre la rationalité et oblige à un code commun de résolution, souvent formel, parce qu'universel en apparence, une interrogativité qui se manifeste avant tout dans la joute oratoire et l'affrontement sur des thèses données. Si la rhétorique est le complément, voire l'opposé de la dialectique, c'est parce que la réponse entretient précisément un rapport de déni à l'égard de la question. Est-ce à dire que la rhétorique ignore le questionnement, qui anime la dialectique ? Bien évidemment non, mais il s'y trouve mis en œuvre de façon spécifique. La rhétorique traite le problématique en présentant une résolution possible, alors que la dialectique s'intéresse davantage à la mise en question, à la façon de la mettre en pratique et aux bases de cette mise en question. L'argumentation se préoccupe davantage du *logos* que de l'interaction, un *logos* où il y a du pour et du contre, alors que la rhétorique opère moins sur l'interrogativité que sur ce qui la résout, l'abolit, un répondre qui, parfois, maintient une problématicité qui n'a pu être évacuée. Mais même dans ce cas-ci, le problématique n'est pas abordé à partir de lui-même, car le point d'ancrage demeure les réponses même si elles sont empreintes de problématicité.

LES PRINCIPES DE LA RHÉTORIQUE

Ethos, pathos, logos : les trois niveaux de la relation rhétorique, ou plutôt les trois composantes indissociables de la relation. L'argumentation est un mode particulier de relation rhétorique : celle qui vise à une seule réponse, partagée par des questionneurs qui, en tant que tels, sont en désaccord. L'*ethos* marque un point d'arrêt dans l'interrogation infinie, toujours possible en principe. Prenons un exemple : « Napoléon a gagné Austerlitz ». On peut s'interroger sur bien des choses dans une pareille phrase. *Qui* est Napoléon ? *Où* est Austerlitz ? C'est *quoi* cette bataille ? On répondra que Napoléon est *celui qui* a épousé Joséphine ou *qui* a fait le coup d'état du 18 Brumaire, ou autre chose encore, mais peu importe. Rien n'empêche de poursuivre l'interrogation et de demander *ce qu'*est le 18 Brumaire ou *qui* est Joséphine. Et ainsi de suite à l'infini. On peut mettre en question l'interlocuteur, son savoir, ses réponses, et faire comme Socrate, en considérant tout comme problématique au point qu'il n'y ait plus une seule réponse qui soit satisfaisante et admissible. L'*ethos* exprime l'autorité et l'expertise, qui font admettre les réponses et permettent de mettre un terme aux questions posées. On accepte que Napoléon est *celui qui* a épousé Joséphine, on ne va pas plus loin, car on croit l'orateur ; on ne va pas vérifier les documents et les archives, car on lui accorde sa confiance. Ce qui fonde cette confiance est l'*éthique* de l'orateur, sa valeur en tant qu'autorité dans le domaine *en question*. L'*ethos* fonde le *droit* à répondre, ce qui fait qu'on attribue du crédit à celui qui parle, et qu'on ne l'interroge pas plus avant. Si ce sont des questions générales, qui intéressent tout le monde, l'*ethos* devient la valeur morale de celui qui parle, sa crédibilité.

Ethos, donc éthique. Il en va de même pour le *pathos*, *pathos*, d'où passion. Mais qu'est-ce qui a fondé une telle dérivation ? Originairement, le *pathos*, c'est l'auditoire, l'intersubjectivité dans (ou de) la relation rhétorique. L'auditoire réagit en fonction de ce qui l'*anime*, ses colères et ses joies, ses indignations et ses enthousiasmes, ses envies et ses haines, ses amours et ses tristesses sur une question donnée. Bref, on ne s'adresse pas à quelqu'un de joyeux comme à quelqu'un de triste, et il faut chaque fois prendre en compte l'état d'âme dans lequel se trouve celui ou ceux avec lequel ou lesquels on négocie une distance, une question. Méconnaître l'Autre ferait échouer la relation. Son *pathos* exprime sa réceptivité, ou plus exactement une certaine réceptivité, une coloration, une *Stimmung*, qui fait que certains arguments ou certains discours passent mieux (ou moins bien) que d'autres. Mais que signifie au juste l'expression « *passer* » ? Un argument ou un discours qui passe répond aux questions ou au problème qui préoccupent l'auditoire à un moment donné. Ce qui répond à sa question le convainc ou l'émeut si la question est soulevée. Le *pathos* renvoie aux questions, possibles ou bien réelles, que se pose chacun, et c'est en se référant à elles que le rhétoricien qui veut aboutir doit procéder. Aristote distinguait quatorze passions principales, du moins dans sa *Rhétorique*. Nous avons pu montrer[1] que la table des passions est pour lui une sorte de liste de modalités de la différence intersubjective. Différence veut dire égalité ou inégalité, et inégalité implique infériorité ou supériorité. Ainsi, on se met généralement en colère contre un égal dont on peut se venger, alors que l'on méprise plutôt un inférieur et que l'on craint un plus puissant que soi. On aime ou l'on hait un égal, on est impudent face à un inférieur (Qui cache ses vices à ses domestiques ?), mais on éprouvera de la honte à l'égard d'un supérieur qui surprend chez nous ce même vice. Négocier la distance devient ainsi négocier une finalité en affirmant ou en niant, en tout cas en tenant compte d'une infériorité, d'une supériorité ou d'une égalité, réelle ou supposée. Les « passions » de l'auditoire sont bien évidemment déterminantes dans la négociation de la distance entre les sujets sur une question donnée. Allons plus

---

1. M. Meyer. « Aristote et les principes de la rhétorique contemporaine », introduction à *La Rhétorique*, *op. cit.*

loin : la passion est d'autant plus forte que la distance est faible. C'est la passion qui traduit, et trahit, la subjectivité de nos démarches. On sera d'autant moins objectif que l'on est concerné, impliqué, proche, donc soumis à la passion que la situation suscite. Un être cher qui est malade engendrera d'autant plus de réactions passionnelles que cet être nous est proche. Inversement, le médecin qui le soigne sera d'autant plus objectif qu'il gardera ses distances et qu'il subira (passion) moins ce qui est négatif dans cette situation douloureuse. J'en ai parlé ailleurs [1], même s'il n'est pas inutile d'en dire quelques mots ici. Pour émouvoir ou simplement convaincre quelqu'un, il faut tenir compte de ce qu'il pense, de ce qu'il est, de ses valeurs, en un mot, de la façon dont il réagit à la question soulevée dans la relation intersubjective qui fait l'objet de la négociation et donne lieu à rhétorique. Existe-t-il des relations formelles et *a priori* concernant une question soumise à notre attention, qui expriment notre implication à son sujet ? Bref, en quoi consiste la théorie élémentaire des passions ? Si la question qui divise nous concerne, on peut *espérer* une réponse, ou en *désespérer*, et si l'on considère d'emblée celle-ci, la *craindre* ou la *vouloir*, ce qui entraîne, face à la résolution, *joie* ou *peine*. La passion, en général, est la manière dont nous réagissons subjectivement à une relation question-réponse, c'est notre propre réponse à cette relation, une réponse que vise à créer ou à nourrir celui qui s'adresse à nous. La passion est une réaction subjective à un problème, ce qui fait que l'alternative *oui/non* se traduit au niveau du Moi par un sentiment de plaisir ou de déplaisir. C'est au fond la traduction subjective d'une question qui se pose objectivement, fût-ce par la présence de l'Autre, ses positions, son caractère, ses liens avec nous. Nous répon-

---

1. *Le philosophe et les passions*, Paris, Le Livre de Poche, 1991.

dons, et dans un premier temps, c'est le plaisir ou le déplaisir qui s'exprime par là et qui *meut* notre subjectivité. Mais la passion est plus qu'une émotion au sens d'une réaction de plaisir ou de douleur, la passion, parce que réponse, est un *jugement*, une *croyance*, à propos d'une question, et elle est rhétorique en ce qu'elle avale la question dans et par cette croyance. C'est pour cette raison que la passion est dite aveuglante : on ne voit plus la question, notre croyance, nos opinions l'emportent avec elles. La passion est donc un puissant réservoir rhétorique : elle nous touche au plus profond de nos valeurs. Elle se présente comme une réponse où le subjectif et l'objectif fusionnent. Si l'amour est aveugle, en ce qu'il prête des qualités objectives amplifiées à l'être aimé, la colère ou la haine font de même avec les propriétés négatives de celui qui en est l'objet. A la limite – car il s'agit bien d'une limite – nous cherchons ce qui répond à nos problèmes en évitant d'être (re)mis en question par les propos tenus. Prenons un exemple banal : les formules de salutation ou de politesse du genre « Comment ça va ? » n'ont pas pour fonction d'obtenir une réponse, puisque le plus souvent on nous répond par une question comme « Et vous ? » ; il s'agit simplement d'annuler la mise en question de l'autre que constitue la prise de parole, une prise de parole qui soulève une question et qui demande à l'interlocuteur, même indirectement ou mentalement, de répondre d'une façon ou d'une autre, ne fût-ce qu'à sa présence. La politesse, par ses formules conventionnelles, a pour but de vider le propos tenu de tout contenu problématique. Ceci montre bien la validité du *principe d'adhérence*, à savoir que tout propos traite d'une question en particulier, et toute question implique une certaine distance entre le questionneur et son auditoire qui, lui-même, se mobilise sur cette question, qu'il le veuille ou non. Nous sommes « dans » le discours qui ainsi nous renvoie l'image de nous-mêmes dans notre relation à autrui. La rhétorique est sociale et politique avant tout.

Bref, l'*ethos* comme le *pathos* sont des dimensions interrogatives de la relation rhétorique : elles fixent les cadres du répondre, donc les points d'arrêt dans le problématique, transformant ce répondre, parfois illusoirement, en jugements considérés comme bien établis. Reste alors le *logos*.

Depuis toujours, c'est-à-dire depuis Platon, on a conçu le langage et la raison comme tissés par le propositionnel. Point d'interrogativité après l'échec de Socrate, qui faisait déboucher tout dialogue sur une aporie, rendant impossible par là toute conclusion. Platon n'a eu de cesse de faire de la dialectique, en tant que science suprême, un lieu de certitudes et de vérités, loin de toute problématicité et de tout questionnement, enfin évacués grâce à sa théorie des Idées ou des Essences.

Du même coup, la rhétorique devint une faiblesse de la Raison, son parent pauvre, parce que pénétrée de questions que la Raison propositionnelle ne peut théoriser sans en faire des réponses, ce qu'elles ne sont pas. D'ailleurs, si *la* vérité désormais seule compte, pourquoi parler encore de *réponses*, donc se référer à des questions et à du questionnement, qui ne sont après tout que des expressions contingentes de l'ignorance éprouvée par l'un ou l'autre ? Le savoir et la vérité ne sauraient dépendre d'une telle contingence, et ce qui importe, dans une réponse, c'est bien davantage sa propositionnalité (et les traits constitutifs de celle-ci) qu'un quelconque renvoi à du questionnement.

Pourtant, si l'idéal propositionnel envahit la raison occidentale dès Platon, ce n'est pas sans susciter des difficultés propres, liées précisément au rejet de l'interrogativité. Pensons un instant à l'idéal platonicien d'une *dialectique* centrée à la fois sur le dialogue, le jeu inessentiel des questions et des réponses socratique, et sur la vérité, scientifique, logique.

Comment concilier un double impératif aussi contradictoire ?
Comment dépasser le problématique dont se nourrit la dialectique et plonger celle-ci dans la vérité objective, apodictique,
alors que son point de départ en est tout le contraire ? Aristote,
on le sait, a clairement perçu cette impossibilité et c'est pour y
faire face qu'il a scindé la dialectique comme jeu interrogatif,
argumentatif, et la science logique, s'obligeant du même coup
à en faire la théorie, de l'un comme de l'autre. Pour Platon, la
dialectique recouvrait ces deux concepts, mais dès lors qu'on
les distingue, il convient d'en dresser les contours et de tirer
toutes les conséquences d'une délimitation des champs. La
logique est née ainsi, comme discours réfléchissant les
contraintes et les conclusions obligées au sein du *logos*, à côté
de la dialectique et de la rhétorique, où l'apodicticité de la logique cède le pas au vraisemblable, à l'émouvant, au plaisant dans
et par le *logos*, le discours. Du même coup, le *logos* se trouve
investi d'une pluralité de possibilités nouvelles, condamnées
le plus souvent par Platon, et dont Aristote fera la théorie.

Il n'empêche que le modèle qui prévaudra pour Aristote
continuera de se fonder sur l'éradication de l'interrogativité,
du questionnement, tant l'obsession de la « réponse » est
grande, et le poids de la logique, prégnant. Pourtant, la marque
de l'interrogativité dans le *logos* aristotélicien est indiscu-
table, même en logique, et elle l'est *a fortiori* en argumentation. D'où notre démarche qui consiste à théoriser cette
interrogativité, explicite ou implicite, qui est à l'œuvre quand
on argumente, c'est-à-dire quand une question se pose et que
la réponse ne s'est pas encore imposée ou ne peut s'imposer.

PROJECTIVITÉ ET EFFECTIVITÉ DU PATHOS,
DU LOGOS ET DE L'ETHOS

Si toute relation argumentative repose sur la triade *ethos – logos – pathos*, orateur – discours – auditoire, il faut bien saisir ce qui en fait la richesse et les modalités. Un orateur effectif se fait forcément une idée, une image, de son auditoire, qu'il ne connaît pas forcément dans le détail ou personnellement. En fait, il projette sur son auditoire l'image qu'il s'en fait, et qui ne colle pas nécessairement avec la réalité. Il y a toujours un décalage, car même les gens que l'on connaît bien ont plus d'épaisseur et de réalité que ce que nous livre la connaissance que nous avons d'eux. Nous projetons sur eux des images, ce qui ne laisse pas de causer bien des surprises. Il faut donc distinguer l'auditoire *projectif* de l'auditoire *effectif*, l'idée qu'on se fait de nos interlocuteurs de ce qu'ils sont réellement. Et l'auditoire doit agir de même avec l'orateur : l'image qu'il s'en fait ne collera jamais parfaitement avec ce qu'il est en réalité, même si l'orateur est un bon rhéteur, manipulateur jusqu'à la perfection.

Il y a ainsi un *ethos* projectif et un *ethos* effectif, comme il y a un *pathos* projectif et un *pathos* effectif. En quoi consistent-ils respectivement, et que signifient l'écart et la conséquence de l'effectif et du projectif ? Telles sont les grandes questions que doit se poser, à mon sens, toute rhétorique parce qu'elles ouvrent sur les fondements même de la discipline. L'*ethos* effectif, c'est l'orateur qui traite d'une question, d'une mise en question, et qui s'efforce de valider ou d'infirmer des réponses qui concernent l'auditoire ou qu'il croit (ou espère) qu'elles vont l'intéresser. Il opère donc avec une question en tête, une réponse qu'il apporte, et un sentiment de la différence à négocier à propos de cette question. C'est la façon dont l'orateur procède effectivement avec l'*ethos*, le *pathos* et le *logos*, mais ce n'est pas forcément ce qui y correspond effectivement dans le chef de l'auditoire. Il projette une image sur celui-ci, qui veut que la compréhension de la question, l'adéquation de la réponse et le sentiment d'adhésion priment sur tout le reste. Mais est-ce ainsi que l'auditoire agit effectivement ? En réalité, pour ce dernier, ce qui compte ce sont les réponses à *ses* questions propres, c'est-à-dire ce qui vérifie ses croyances et rencontre ses émotions. Il voit l'orateur comme différent, et pour lui, c'est bien là le problème. Il imagine donc un *ethos*, qui est l'*ethos* projectif, où l'identité de l'orateur est ce qui est pertinent (*ethos*), tout comme la défense des valeurs (*pathos*) doivent l'être à ses yeux à lui, l'auditoire. Comme on le voit, la relation intersubjective repose sur un décalage du projectif et de l'effectif tant au niveau de l'*ethos* que du *pathos*. L'auditoire réagit en termes de valeurs tandis que l'orateur veut isoler la question qu'il traite. Mais pour arriver à ses fins, il devra bien intégrer la différence du *pathos* effectif et du *pathos* projectif, tout comme l'auditoire devra procéder au même ajustement, et tenir compte de l'orateur en propre, et non tel qu'il le voudrait ou qu'il le suppose. Cela implique un cycle d'ajustements, qui procède des accords et des désaccords successifs que chacun corrige (ou non).

Et l'on a alors le tableau suivant :

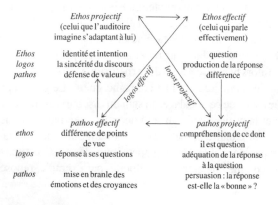

Le bon orateur est celui qui est conscient du décalage et qui d'emblée s'efforce de le surmonter : il tient compte des valeurs de l'autre et il s'arrange d'entrée de jeu pour y satisfaire par ses réponses.

C'est parce qu'il y a décalage de l'effectif et du projectif que le désaccord caractérise les sociétés humaines. C'est aussi la source de tous les malentendus de bonne foi. Si l'*ethos* effectif diffère dans un premier temps de l'*ethos* projectif, cela signifie que l'auditoire vit une dissociation des problèmes à résoudre en termes de valeurs rencontrées. Le désaccord porte sur ce qui est *bien* à ses yeux et que l'interlocuteur écrase. C'est ce qui donne naissance au genre judiciaire. Par contre, si c'est le *pathos* qui est vécu comme dissocié, l'orateur va se dire qu'il ne parvient pas à résoudre la différence de points de vue, et on aura une incapacité éventuelle, faute de critère rationnel, à apaiser les passions. On a là l'origine du genre délibératif ou politique. Reste enfin le *logos* effectif et le *logos* projectif, respectivement, c'est le *logos* fait de réponses qui se veulent convaincantes parce qu'elles apportent des arguments, par opposition à celles qui persuadent parce qu'elles conviennent à nos sentiments et à nos opinions personnelles. Convaincre et persuader recouvrent ici la différence de l'argumentation et de la rhétorique. La « bonne » rhétorique mêlera toujours les deux. Avec cette distinction interne au *logos*, on a des réactions différentes face au discours, et surtout au décalage que l'on vit dans une relation intersubjective. On proclamera alors bien vite « c'est de la rhétorique ! » pour qualifier un beau discours creux qui ne convainc guère. Le genre épidictique est né de ce décalage, au sein du discours, entre l'effectivité et la projectivité, qui sont deux perspectives essentielles pour comprendre la rhétorique. D'autant plus que le décalage n'est pas inévitable. L'orateur peut jouer dessus. C'est une stratégie comme une autre. La publicité, par exemple, repose sur un décalage entre l'*ethos* effectif et l'*ethos* projectif construit *a priori* pour susciter le désir au travers de la suppression du décalage, et insufflé à l'auditoire de telle sorte qu'il y soit sensible. Un parfum symbolisé par une actrice de cinéma permet de croire qu'en achetant le premier, on pourra « être » l'autre, à laquelle on aimerait tant ressembler. Dans cet exemple, l'*ethos* effectif, la marque qui se promeut, se dissocie de l'*ethos* projectif, l'actrice, qui est une image que se fait l'auditoire. La publicité lui permet de croire que les deux *ethos* peuvent ne plus faire qu'un : le désir d'acheter le produit qui suscite cette identification purement fictive, métaphorique, est créé par le décalage des deux *ethos* et l'illusion que l'achat va le supprimer. La séduction se situe sur ce même registre de congruence, si ce n'est que là, c'est la personne elle-même qui « est » le produit, si l'on veut. Loin de créer une distance entre les *ethos*, qui serait fictive, la séduction la présuppose, et n'a donc pas à la suggérer, mais elle promet elle aussi son abolition. Le désir est dans cet écart que l'on pose rhétoriquement comme résolu.

La loi de base de la rhétorique et de l'argumentation

Il n'est de réponse qui ne puisse poser question. Tout est donc par principe contestable, sujet à débat, ou simplement à discussion. Du moins hors contexte, c'est-à-dire *a priori*. Une réponse à une question donnée peut en soulever une autre, qui n'a rien à voir, ou au contraire qui est celle à laquelle elle répond véritablement. Si quelqu'un demande l'heure qu'il est, lui répondre « Il est une heure » éteint la question. Par contre, si dans une réunion, je dis « Il est une heure », soit r_1, alors que personne ne l'a demandé, c'est-à-dire posé q_1, c'est que je veux dire autre chose, par exemple que c'est l'heure de passer à table, soit r_2. Cela signifie que dire r_1, c'est dire r_2, ou si l'on préfère, que r_1 est un *argument* pour r_2. Une (bonne) raison de passer à table pour aller déjeuner, c'est qu'il est l'heure de le faire.

$$\text{« } r_1 \text{ »} = \text{« } r_2 \text{ »}$$

est donc équivalent à :

$$r_1 \rightarrow r_2$$

On a ainsi une équivalence entre la rhétorique et l'argumentation du point de vue de la structure de base, sans que cela interfère avec le choix qui fait privilégier l'une ou l'autre de ces deux stratégies quand il faut agir sur l'auditoire. En fait, la réponse r_1, qui devrait répondre tout naturellement à q_1, n'y renvoie pas lorsqu'il y a argumentation, du simple fait que cette question n'a pas été posée ; elle renvoie à une autre question, soit q_2. Dès lors, la loi de base de toute rhétorique possible est la suivante :

$$r_1 \rightarrow q_1.q_2$$

la réponse qui devrait en principe répondre à une question renvoie à une autre. C'est là l'origine de la distinction entre le sens littéral et le sens figuré. « Il est une heure » est une manière figurée de signifier qu'il est l'heure de passer à table. Comme $r_2 \rightarrow q_2$, si $r_1 \rightarrow q_2$, alors $r_1 \rightarrow r_2$. Mais on pourrait aussi écrire :

$$\begin{array}{ccc} & r_1 & = & r_2 \\ q_1 & & q_2 & \end{array}$$

Le fait est que r_1 renvoie à q_1 *et* à q_2 aussi bien, ce que recouvre la loi de base ci-dessus. Et comme r_1 répond aussi bien à q_1 qu'à q_2, encore que d'une façon différente, r_1 équivaut à r_2, mais pas de façon littérale. Ce n'est qu'une manière de parler, ce qui en fait une relation rhétorique. Si on veut se situer sur le plan littéral, r_1 et r_2 sont à distinguer ; ils sont non équivalents ou asymétriques, ce qui symboliquement se laisse capturer par l'implication : $r_1 \rightarrow r_2$. Rappelons que si $r_1 \rightarrow q_1.q_2$, comme $r_1 \rightarrow q_1$, du point de vue littéral, $r_1 \rightarrow q_2$, et vu que $r_2 \rightarrow q_2$, $r_1 = r_2$ en tant que *réponses*. S'il y a des syllogismes argumentatifs, c'est-à-dire des enthymèmes ou des inférences rhétoriques, où d'une prémisse on passe à une conclusion probable, c'est parce que l'on fait le raisonnement suivant : r_1 ; or, $r_1 \rightarrow q_1.q_2$; donc r_2. Et l'on oublie les questions, ce qui donne $r_1 \rightarrow r_2$. Il est une heure, *donc* il est l'heure d'aller manger. Il fait froid, *donc* il faut mettre son manteau. La rhétorique escamote ici les questions sous-jacentes qui justifient l'inférence. On n'ajouterait rien en disant que, s'il fait froid (r_1), alors on met son manteau (r_2), ce qui serait la prémisse nécessaire si l'on voulait faire un syllogisme *logique*, que l'on établit précisément par le raisonnement argumentatif. Quant à la contestation dialectique, qui donne lieu à débat et à la recherche d'arguments, elle se laisse alors traduire de la façon suivante :

$$r_1 \rightarrow q_1.q_2$$
$$\text{où } r_1 \nrightarrow q_1,$$

pour nier le fait que r_1 réponde effectivement à q_1. Donc, $r_1 \nrightarrow r_2$, ce qui fait que l'on a q_2 qui demeure ouverte, c'est-à-dire que $r_2 \vee \bar{r}_2$. La question q_2, dont les réponses possibles sont r_2 ou non-r_2, émerge ainsi en propre, explicitement, non avalée par r_1, ce qui est bien le propre de l'argumentation.

L'équation propre à la rhétorique concerne la distance entre les individus. La différence entre le problématique et le non-problématique doit équivaloir à celle de l'*ethos* et du *pathos*, puisqu'on compte sur la réponse pour abolir la distance entre les individus comme on peut jouer directement sur ce qui les sépare. Le mécanisme de fonctionnement consiste à amplifier ou à minimiser une réponse en *fonction* de la distance entre l'auditoire et ses valeurs. Créer un repoussoir par rapport à ce qu'il rejette est stratégiquement équivalent au fait de susciter l'adhésion et la proximité par rapport aux valeurs qui sont les siennes.

Apparemment, il ne semble y avoir aucun lien entre ces deux types d'inférence : précisément parce que le but de la logique est d'éradiquer par l'apodicticité (= ce dont le *contraire* est impossible) toute alternative (= ce dont le contraire est *possible*). La logique *répond* à l'idéal propositionnaliste dont le *problème* consiste à évacuer le *problématique* en guise de *réponse* (ou de solution). Mais comment y parvient-elle ? Toute la question est là. Prenons un exemple : « les serpents sont venimeux, ceci est un serpent », donc « ceci est venimeux ». Le syllogisme ici est contraignant : la conclusion ne peut pas ne pas s'imposer. A l'inverse, le syllogisme dialectique ou argumentatif ne connaît que des probabilités, du vraisemblable, lequel est la forme propositionnalisée de la prise en charge du problématique. Ainsi, on dira que tel ou tel x rencontré est venimeux *puisqu'il* s'agit d'un serpent. Sous-entendu : les serpents sont (probablement) venimeux et cette chose qui est là est (probablement) un serpent.

Mais si l'on y regarde bien, le questionnement s'inscrit en creux « dans » l'opération logique également. Pour pouvoir conclure nécessairement que Socrate est mortel, c'est-à-dire y, il est nécessaire que les x soient y et que Socrate soit bien un x. Les négations, donc les questions ou oppositions possibles, peuvent porter soit sur le fait que Socrate n'est pas un x, soit sur le fait que x n'est pas y ; deux cas qui sont exclus si l'on pose que les *x* sont *y* et que *a* est *x* (alors, *a* est *forcément y*). Pour que *a* soit apodictiquement *y*, il importe que les *x* soient *y* et que *a* soit un *x*. Ces deux problèmes étant résolus, le dernier l'est automatiquement, c'est-à-dire logiquement. L'argumentation, quant à elle, relève ces mêmes questions que la logique pose d'entrée de jeu comme exclues. Elle en consacre l'éventualité. Concrètement, cela signifie que ce que l'on voit pourrait ne pas être un homme, ou encore que les hommes ne sont pas tels qu'on l'affirme généralement, c'est-à-dire mortels. Le *x* n'est pas *x*, ce n'est pas un serpent mais, par exemple, une simple corde enroulée qui se détend pour l'une ou l'autre raison, ou alors, bien qu'on ait affaire à des *x*, donc à des serpents, on nie cette fois l'attribution, et l'on conteste qu'ils soient, par exemple, (tous) venimeux, c'est-à-dire *y*. Le *a* rencontré n'étant pas *a*, ou les *x*, dont fait partie *a*, n'étant pas *y*, on ne peut pas conclure que *a* est *forcément y*. La logique rend ses conclusions irréfutables en intégrant sous forme de prémisses les réponses aux questions qui peuvent surgir, et qui peuvent porter soit sur les faits, soit sur les attributs. On évacue ces questions en posant leurs réponses à titre de prémisses, et on a une prémisse-sujet «*a* est *x*» et une prémisse-prédicat, les «*x* sont *y* ». La problématicité est donc évacuée *a priori*. En argumentation, on laisse vivante la possibilité que de telles interrogations voient le jour. Les serpents sont-ils venimeux ? Oui, mais *x* n'est peut-être pas un serpent (prémisse-sujet), ou même s'il l'est, il n'est peut-être pas venimeux (prémisse-prédicat). Donc, on peut ne pas être d'accord sur ce qu'il y a lieu de conclure au vu d'objets qui ressemblent au loin à de dangereux serpents. La logique, elle, exclut ce genre de questions en posant *a priori* que a) les serpents sont venimeux (prémisse-prédicat), et que b) *x* est un serpent (prémisse-sujet). Alors, on est *forcé* de conclure que ces *x* au loin sont bien dangereux. En répondant *a priori* aux questions qui peuvent se poser *effectivement*, on reste cependant au niveau formel, car rien n'empêche malgré tout de douter de ces réponses. C'est ce que fait celui qui argumente. La rhétorique propose des qualifications destinées à résoudre le problème sans trop se le poser. Si je dis d'un homme qu'il est têtu et obstiné plutôt que déterminé et volontaire, je qualifie une même réalité de caractère, mais dans deux sens opposés qui sont des réponses, l'une négative, l'autre positive. Je tranche donc une question dans un de ces deux sens, quitte à ce qu'elle rebondisse chez mon interlocuteur qui n'est pas d'accord. Ce sont des manières de parler de ce que l'on voit, de ce que l'on rencontre, et cela permet d'aller plus vite ou même de tourner les choses habilement (par figures et tropes) afin de faire un compliment, un bon mot, ou simplement, de ne pas trop s'appesantir sur le problématique tout en le concédant malgré tout. La qualification, qui relève de ce que l'on appelle le genre *épidictique*, va alors être associée à la rhétorique bien plus qu'aucun autre procédé ou genre. La rhétorique sera figurative ou ne sera pas, et l'on sait à quel point le littéraire sera empreint par les tropes et les figures de style.

L'abolition du problématique va dominer le *logos* depuis les Grecs, tant en rhétorique qu'en argumentation, rendant du même coup l'objet de la négociation, voire même celle-ci, complètement accessoire. La logique deviendra un lien entre propositions, mais l'argumentation aussi, même si le lien est plus faible, soulevant la question de sa spécificité comme de sa « force » (car elle en a une). L'*ethos* va se dissocier du *logos* comme le *pathos* d'ailleurs. Les passions ne vont-elles pas quitter le champ de l'argumentation pour ne plus relever que de la psychologie qui, seule, les étudiera et les intègrera? Quant à l'*ethos*, il donnera naissance à l'étude du caractère exemplaire du sujet, dont l'éthique va s'imposer comme le champ privilégié. Le *logos* va alors se partager entre la qualification rhétorique et le raisonnement extra-linguistique, lequel sera ce qui reste de la négociation entre les sujets sur une question donnée. La question s'estompe, ne se marquant plus que par un raisonnement faible, empreint par la vraisemblance (la plus ou moins grande problématicité). C'est l'écart par rapport aux opinions reçues ou professées (Aristote) qui rend les arguments plus ou moins probables, plus ou moins vrais. La modalité « nécessité versus probabilité » est de toute façon extérieure au lien propositionnel même, puisqu'elle se surimpose à lui comme qualification faisant du rapport logique-argumentation quelque chose d'externe au *logos* comme simple tissu propositionnalisé. La logique, par sa rigueur et sa contraignance, ne pouvait qu'apparaître supérieure. La distance entre les sujets et les problèmes qu'elle soulève vont être modalisés par d'autres disciplines, comme la sociologie ou la psychologie. Quoique n'étant pas subjective, l'argumentation n'en deviendra pas pour autant objective, comme l'est le raisonnement logique.

Il n'empêche. Parce qu'elle permet aux questions de surgir, parce qu'un débat, une mise en question, s'avère toujours possible, le raisonnement argumentatif exprime davantage ce qui se passe dans la vie réelle, où l'on opère avec des conclusions vraisemblables, probables, incertaines, dont on ne peut jamais être sûr une fois pour toutes qu'elles échapperont à une remise en question éventuelle. La logique verrouille ce que l'argumentation ouvre. Celle-ci est davantage conforme à la multiplicité fluide des opinions, des émotions, des revirements possibles, à la richesse des réponses auxquelles on adhère sans le savoir expressément, et qui s'entrechoquent parfois au prix d'une cohérence qui sonne alors chez l'autre comme un rappel à l'ordre qui nous est adressé.

LA RÉINTERPRÉTATION PROBLÉMATOLOGIQUE
DU CHAMP RHÉTORIQUE

La rhétorique est la négociation de la distance entre les sujets (*ethos – pathos*) sur une question donnée (*logos*). Le *logos* traduit toujours, qu'il soit « logique » ou non, l'interrogativité de la pensée, et du même coup, ce qui peut diviser certains et rassembler d'autres. Dressons le tableau des articulations interrogatives.

Questions classées selon la problématicité croissante	Types d'argumentation associées	Articulations rhétoriques	Elément déterminant de la relation orateur-auditoire-discours	Genres rhétoriques traditionnels
ce que ou ce qu'est x : la qualification ou le recours aux propriétés	évaluation (estimation, appréciation, approbation)	*logos*	discours	épidictique
que, *quoi* ou *qui* : l'appel aux faits	dialectique (vérité) : le débat contra-dictoire	*ethos*	orateur	judiciaire
pourquoi : la justification	la communication (la légitimité)	*pathos*	auditoire	politique

Analysons maintenant ce tableau. La *première colonne* renvoie aux différentes questions qui peuvent se poser. Selon la *Rhétorique à Herennius*[1], Cicéron ou Quintilien, on recense trois grands types : la question de fait, la question de la

1. Trad. fr. G. Achard, Paris, Les Belles Lettres, 1989.

qualification et enfin la question de la justification. Prenons un exemple : Brutus a tué César. Faut-il le condamner pour meurtre ou lui faire un triomphe pour avoir libéré Rome du Tyran ? En vue de répondre à cette question, il faut établir trois choses : 1) que César a bien été tué et que c'est Brutus qui a porté ou ordonné les coups mortels ; c'est la question de fait, et l'on comprend mieux, dès lors, qu'en droit on exige le *corpus delicti*, ou qu'on interroge quelqu'un sur son alibi éventuel. Le fait doit être établi au-delà de tout doute. Ensuite, 2) il faut pouvoir qualifier l'acte commis, car tuer un tyran en état de légitime défense n'est pas la même chose qu'assassiner son père adoptif avec préméditation. La qualification du fait détermine l'accusation et le type de peine encourue. Il reste enfin 3) une dernière question, qui est celle de savoir pourquoi, dans ce cas-ci, il y a délit ou crime, ce que dit la loi pour les faits qualifiés comme tels ou tels. La raison qui fait de l'acte commis – Brutus a tué César – un crime punissable, plutôt qu'une cause de triomphe dans les rues de Rome, relève de la loi qui condamne le crime, ce qui soulève la question du châtiment, donc de la norme applicable à l'acte de Brutus. La légitimité de l'accusation tient à la loi, qui condamne le crime mais qui accepte la légitime défense. Brutus pourrait d'ailleurs se défendre par la négation, en suivant les axes 1), 2) et 3). Il pourrait contester le fait (César est toujours vivant, ou, lui, Brutus, était ailleurs à l'heure du crime). Il pourrait récuser la qualification proposée par ses accusateurs, en affirmant qu'il n'a pas assassiné César mais libéré Rome. Il pourrait enfin rejeter le droit que ses accusateurs s'arrogent en lui demandant des comptes, et revendiquer le droit d'avoir agi comme il l'a fait sans qu'on soit *fondé* à l'accuser.

Remarquons que l'on trouve dans tout questionnement rhétorique ces trois questions à l'œuvre. Pourquoi les isoler dans ces conditions ? La réponse est simple : elles sont déterminées par la relation mais aussi par la différence entre les trois éléments de la relation rhétorique. Le *qui*, l'orateur, l'*ethos*, toutes ces notions sont liées. La présence d'une personne qui parle, d'un locuteur, met le poids sur le factuel, la présence précisément, mais prise en son sens le plus général, ce qui donne le *quoi*, un interrogatif qui exprime la question factuelle dans toute sa généralité. De même, la relation rhétorique présuppose un lien entre les individus, ce qui fait de l'expression, du *logos*, de ce qui qualifie cette relation, donc la question en général, le centre même du *logos*. C'est le *ce que* : parler, c'est qualifier, c'est-à-dire répondre au *ce que*. Quant au *pathos*, l'auditoire, il reçoit le message interrogativement en s'interrogeant sur le message lui-même dans sa rationalité même. Du dit on passe au dire. C'est le *pourquoi* qui régit la relation de l'auditoire au message et à son auteur. L'accepter ne se fait pas sans raison, et c'est là le rôle de l'auditoire dans la relation rhétorique ou argumentative.

Est-ce à dire que l'auditoire, par exemple, ne pose pas d'autres questions ? Non, bien évidemment, mais son rôle dans la relation fait que le *pourquoi* est une question à part entière. Le locuteur peut d'ailleurs l'anticiper et argumenter en jouant dès le départ sur le *pourquoi*, afin de mieux se gagner l'auditoire. La raison de l'acceptation – passionnelle ou raisonnée – d'une argumentation, c'est l'auditoire, et l'orateur ne peut pas en faire fi s'il veut convaincre ou même simplement plaire.

La question du *fondement* est caractéristique du *pathos*, de l'attitude de l'auditoire, dans la mesure où celui-ci est soucieux de la légitimité de ce qui est dit mais aussi de celui qui le dit. Le désintéressement de l'orateur, sa sincérité, donc son souci de l'autre, qui relève de l'utilité, c'est ce que les Anciens appelaient sa *vertu*, son *ethos*, ce sont autant de fondements à l'interrogation qui anime l'interlocuteur lorsqu'on s'adresse à lui. De même, la question factuelle, le *quoi* si l'on veut résumer, est typique des arguments avancés par l'orateur, qui doit être ceci ou cela pour parler avec autorité. Tous les arguments puisées dans l'*ethos* présentent cette structure factualisante, alors que ceux tirés du *logos* relèvent de la qualification, des attributs, des propriétés, des descriptions qui tiennent lieu de réponses et sur lesquels on commence d'abord de s'interroger. Dans la pratique, tout se mêle bien évidemment, puisque la relation intersubjective comporte ces trois éléments, si ce n'est que plus un discours est problématique, et plus on passe de l'évidence des solutions aux déchirements passionnels qui opposent.

Cette relation orateur-auditoire-discours fait en sorte que trois composantes s'y mêlent. Ce sont autant de problèmes à résoudre (mais aussi de lieux où se concentrent les réponses préalables que l'on peut mobiliser) dans le questionnement où se joue ce qui les sépare ou les oppose. Ces problèmes ont donné lieu à des genres rhétoriques à part entière comme à des champs argumentatifs propres. Le factuel va être lié à la rhétorique judiciaire, le qualificationnel à l'épidictique et le légitimatif au délibératif. Pour quelle raison en va-t-il ainsi ?

Commençons par le genre judiciaire. De quoi y est-il question, si ce n'est d'un fait qui fait problème, parce qu'il est injuste et condamnable au nom d'une norme juridique ou morale ? Il faut donc parvenir à établir le fait dans sa texture juridique, et du même coup, à le qualifier comme étant en désaccord avec la juste norme qu'il contredirait. D'où le mélange de la qualification et de la justification, mais au service de la factualité juridique.

Venons-en maintenant au délibératif. D'où vient-il ? Le *pourquoi* est comme un méta-niveau, une exigence qui porte *sur* le discours et qui n'en est pas la simple production. On s'interroge sur l'interrogation même, sur ce qui la justifie et partant, sur la légitimité à juger, à dire. C'est une question éminemment *politique* : il s'agit de délibérer sur les raisons de penser et d'agir, et l'on comprend bien qu'Aristote ait assimilé l'objet de la délibération à l'utile, ce qui est convaincant pour tout auditoire. Encore que cela soit par trop rationnel. Quoi qu'il en soit, le *pourquoi* incarne la mise en question de la question même ; elle peut aller jusqu'aux questionneurs également, et loin d'appliquer la norme, elle la met en cause, comme cela se passe d'ailleurs dans les assemblées politiques qui ont à l'édicter.

La troisième question porte sur le *ce que*, ce qu'est X, qu'il s'agit donc de qualifier. Rien d'autre n'est en question, si ce n'est l'attribut. C'est là le propre d'une problématique qui vise simplement à trouver les bons qualificatifs : c'est le genre épidictique. On y évalue et apprécie, on juge de l'attribution, de son adéquation, et l'on comprend que ce soit l'esthétique qui s'y rapporte essentiellement. La rhétorique réduite au *logos* deviendra le littéraire.

Comme on peut l'observer, entre le qualificatif, le juridique et le politique, la gradation dans la problématicité va croissante. En effet, si tout est problématique jusqu'aux questions même, on est dans le débat politique. Si question il y a, mais qu'on a un moyen, un instrument comme un *code*, pour les résoudre, on est dans le judiciaire. Si la question est effacée dans un *logos* qui a su abolir toute problématicité, on est dans le domaine de la simple évaluation, et si question il y a encore, l'attention se focalise sur l'adéquation, la pertinence ou la justesse esthétique des qualificatifs présentés.

Le tableau ci-après va nous permettre de situer les uns par rapport aux autres les trois grands genres rhétoriques en fonction de la variabilité interrogative qui les caractérise.

LOGOS	Problématicité		Résolution		
	problématicité maximale	question douteuse, sans critère de résolution	délibératif (le débat politique)	utile	décision
	problématicité grande	question incertaine, mais avec critères (le droit par exemple)	judiciaire (le procès)	juste	jugement
	problématicité faible	question résolue	épidictique (l'éloge funèbre ou la conversation quotidienne)	vraisemblable/ plaisant/ honorable	adhésion

Variation de problématicité (axe vertical)

PATHOS   ETHOS

Ainsi, une question douteuse peut l'être non seulement parce que l'on ne connaît pas la réponse, mais surtout parce que l'on ne dispose pas des moyens de la résoudre, de moyens communs partagés par les protagonistes et destinés à créer un accord sur la bonne ou juste réponse. La conséquence en est que l'*ethos* joue alors un rôle plus déterminant : la crédibilité de celui qui parle et propose, son « autorité », va mettre un point d'arrêt dans la remise en question, théoriquement sans fin, des réponses proposées. L'autorité repose d'ailleurs bien souvent sur l'institutionnalisation : le rôle social, la « place » qu'occupe l'orateur (« est-il ou non un spécialiste de la question ? », va se demander l'interlocuteur) vont opérer à plein dans le débat politique, dans la prise de décision. Alors que dans un éloge funèbre par exemple, peu importe qui parle du défunt : l'important est d'en dire du bien. La conversation de tous les jours, faite d'avis et d'opinions que l'on se communique librement, obéit à la même règle : l'autorité, l'institutionnalisation de l'orateur ne jouent guère dans l'approbation ou la louange recherchée au travers de ce type de discours. Le *pathos*, bien que présent, y est lui aussi relativement limité, il est en tout cas codifié. Non que l'on puisse se dispenser d'émouvoir l'orateur lorsqu'il s'agit de le gagner à sa cause, mais étant donné le rôle minimal de l'auditoire dans la relation épidictique, la passionnalité est forcément réduite au plaisir esthétique ou à la réaction conventionnelle. On pleure aux enterrements, on se réjouit aux mariages. On cherche davantage à tenir un discours plaisant ou conforme aux circonstances, qui consacre ce que l'auditoire s'attend à entendre dans de telles situations. Ce sera la manière dont le discours l'affecte en tant que réponse qui engendrera le *oui* ou le *non*, le « j'aime » ou le « je n'aime pas ». Tout autre est le jeu des passions dans la délibération, car l'absence de critères de résolution pré-déterminés ou acceptés *a priori* par les parties oblige les unes et les autres à jouer sur tout le clavier rhétorique, de l'argumentation la plus rationnelle à l'émotivité la plus forte.

Le droit occupe une position intermédiaire. Il constitue par lui-même une source de réponses, et le débat est institutionnalisé. N'est pas avocat qui veut, ni juge non plus ; de surcroît, la procédure codifie le processus de questionnement. Les questions y sont plus problématiques que dans l'éloge funèbre ou la conversation : il s'agit de savoir *si* l'accusé est coupable, de quoi il est coupable, et *en vertu de quoi* il l'est. Un triple mouvement : le *si* renvoie du fait au sujet, le *ce que* à l'attribution et la dernière question, le *en vertu de quoi*, à la norme qui justifie la réponse même ; voire qu'il y ait question.

L'identité et la différence sont les concepts-clés du champ rhétorique. On les trouve tant dans le *logos* qu'entre les individus ; la négociation de la distance entre eux n'est rien d'autre que celle de la différence qui les sépare. La recherche de l'identité coïncide avec ce qu'on appelle l'argumentation, c'est-à-dire la recherche d'une adhésion sur une thèse ponctuelle, adhésion qui crée l'identité entre les protagonistes, ne fût-ce que l'espace d'un instant. La rhétorique ne s'identifie pas plus avec l'argumentation que la négociation de la distance entre les hommes ne signifie son abolition. Bien souvent, on s'efforce de la maintenir, voire de l'accroître.

L'identité et la différence tissent la trame sociale, définissant pour la première, le sentiment de soi et la *communitas*, et pour la seconde, le rapport au groupe, à l'autre, c'est-à-dire la *societas*. L'identité et la différence structurent tous nos rapports à autrui, voire à nous-mêmes. On s'adresse à quelqu'un que l'on exclut plus ou moins, on englobe autrui, mais on n'en exclut pas moins d'autres êtres dans une mesure variable et négociable. Comment harmoniser le Moi de chacun, qui consacre la différence, avec le groupe, qui repose sur l'identité ? La tension est irréductible. Tout individu est à la fois dehors, en tant qu'être singulier, et dedans, en tant que chacun se trouve dans la même situation. Il en va de même des groupes les uns par rapport aux autres. Si chacun se retrouve le même en se voulant autre, le danger est grand que la haine de cet autre, si proche mais si lointain à la fois, ne vienne remplir la faible distance qui nous sépare de notre double, comme si l'impossibilité d'être nous-mêmes se trouvait confortée de par sa seule présence, de par son obsédante proximité. La différence, si nécessaire pour vivre et survivre au sein du groupe, est aussi une menace permanente pour le groupe, comme un facteur dissolutoire qu'il faut combattre en l'extériorisant, en la sacralisant, en la sacrifiant. La *loi* du groupe lui est extérieure, puisqu'elle le régit, mais parce qu'elle le régit, elle est aussi le lieu de son identité. Énoncer et prononcer la Loi, juger par conséquent, c'est se placer en dehors pour régler les *différends* du dedans, c'est se mettre hors norme pour édicter la norme, c'est s'instituer au-delà de chacun en tant que pouvoir de parole et, du même coup, s'exposer à la vindicte de ceux qui subissent et obéissent, une vindicte possible qui se marque par la question : « D'où vient ton droit à édicter le droit ? ». Ce souci de concilier l'inconciliable se résout dans l'origine sacrée du devoir et de la norme, comme le rejet de la différence que l'on est en *droit* de résorber au nom de l'*identité* du groupe que la différence transgresse toujours plus ou moins.

Comment énoncer l'identité à partir de la différence sans faire de celle-ci une distance rhétorique, donc négociable rhétoriquement ? La religion comme le droit relèvent de la rhétorique, une rhétorique qui fait comme si la différence n'était jamais qu'une identité sous-jacente, celle qu'ils prononcent et incarnent, ou prétendent incarner, et en tout cas rétablir.

En fait, dans le traitement d'un problème, plus on s'attaque au problème même, faute de pouvoir disposer d'une réponse préalable ou évidente à mettre en avant, plus il devient nécessaire de dégager un mode de résolution, en l'occurrence de négociation de la distance entre les sujets. D'autant plus qu'avec le problématique croissant, l'*ethos* et le *pathos* vont jouer eux aussi un rôle plus important, assuré en d'autres circonstances par le *logos*. Le droit remplit cette fonction résolutoire à l'égard de la problématicité croissante qui consacre une différence, voire des différends, plus importants.

On a là un passage progressif de l'*ad rem* à l'*ad hominem*, du débat sur la question à celui qui porte sur les différences (et l'identité) des protagonistes eux-mêmes, donc sur leurs différends. Lorsque les hommes apparaissent ainsi à l'avant-plan avec leurs différences, c'est la conflictualité qui risque de s'accroître de façon plus évidente : d'où la nécessité de la résoudre. Entre les réponses inexistantes pour des problèmes qui sont eux-mêmes objets d'interprétation et de discussion (genre *délibératif*), et celles purement conventionnelles pour des problèmes qui n'en sont presque plus (genre *épidictique*), on trouve les problèmes bien réels qui divisent les hommes, mais pour lesquels il faut trouver et exercer le bon jugement, le jugement *juste* (genre *judiciaire*). Le droit est ainsi la mise en œuvre de l'identité et la différence entre les hommes au sein d'un nouveau *logos* qui en régule les modalités. Un tel *logos* est forcément une rhétorique.

De l'éloge à la délibération, on observe donc un recours plus grand à la passion et une institutionnalisation plus grande de l'orateur comme critère de résolution. Au fond, cela revient à présenter davantage la question sous l'angle de ce qui la résout. Il en va d'autant plus ainsi que la question est incertaine, donc polémique. La manipulation est d'autant plus présente que cette problématicité risque de réapparaître malgré, ou plus précisément, dans la réponse même.

Il reste maintenant précisément à examiner les types d'argumentation auxquels peut donner lieu une question dans chacun de ces trois champs. Comme on vient juste de l'indiquer, le pendant argumentatif de la qualification en rhétorique, c'est son évaluation comme raison. On débattra de la qualification, c'est-à-dire qu'on l'évaluera dans sa pertinence à être *la* réponse. En ce qui concerne l'*ethos*, l'orateur, il renvoie à la dialectique, à l'opposition des sujets qui s'expriment, à leurs arguments respectifs et opposés. Et en ce qui concerne le *pathos*, les passions, l'auditoire, il est clair que le débat qui peut l'opposer au locuteur aura trait à l'aspect communicationnel, comme l'on dit aujourd'hui. Par là, il faut entendre la question de la légitimité des propos tenus comme du rôle social ou politique qui justifie qu'on les tienne (« Qui est-tu, toi, pour dire… ? »). La communication est ainsi l'expression d'une certaine distance et c'est sur elle, davantage qu'en elle, que porte le débat. On pense ici à Habermas [1] et Apel [2], comme on pouvait penser là à Barthes ou au *Groupe Mu* [3] ou, pour la dialectique, à Aristote ou à Perelman.

Repenser le *logos* : l'interrogativité comme clé du sens

Il y a dans le *logos* une interrogativité qui se trouve toujours à l'œuvre [4], même lorsque les apparences pouvaient laisser croire le contraire. Si l'on se trouve confronté à une phrase aussi simple que celle-ci : « Jean est un gentil garçon », on pourrait penser qu'aucune question ne se pose ni n'apparaît, que cette proposition n'a donc rien à voir avec les questions, au vu de sa structure. Il s'agirait là d'une simple proposition et c'est donc en tant que telle, et non comme réponse, qu'il convient de l'analyser ou de la considérer.

Si les propositions se soutenaient d'elles-mêmes, sans que jamais quelqu'un ne les profère ni ne les entende, comme si elles étaient de pures entités platoniciennes, l'approche propositionnaliste pourrait sans doute se défendre. Mais même dans

---

1. *Théorie de l'agir communicationnel*, Paris, Fayard, 1987.
2. *Discussion et responsabilité*, Paris, Le Cerf, 1996.
3. *Rhétorique générale*, Paris, Seuil, 1970.
4. Pour plus de précisions, voir M. Meyer, *De la problématologie*, chap. v, Paris, Le Livre de Poche, 1994, et *La Rhétorique*, « Que sais-je ? », Paris, PUF, 2004.

ce cas, ce serait oublier à quoi répondent les termes d'une proposition pour devenir et être ce qu'elle est. « Jean est un gentil garçon » ne peut se comprendre que si l'on sait *qui* est Jean ou *ce qu'*est un gentil garçon. Autant de questions dont ces termes font l'économie, en ce que les questions dont ils sont issus sont supposées ne plus se poser. On pourrait d'ailleurs imaginer qu'elles se posent. Il suffit pour cela que l'interlocuteur ne comprenne pas la phrase. Il va alors demander : « Mais de *qui* vous parlez au juste ? » ou : « *Qu'*est-ce qu'un gentil garçon ? » Et vous répondrez que Jean est celui *qui*…, une réponse qui maintient le sens de la phrase et la fait clairement apparaître comme réponse, tout en traitant la question de référence comme résolue, mais reprise explicitement dans la réponse, grâce à des clauses relatives. « César est le premier empereur romain » est ainsi sémantiquement équivalente à « César est celui *qui* est le premier empereur romain », ou encore « César est (celui *qui* fut) le mari de Cléopâtre », donc « le mari de Cléopâtre est celui *qui* fut le premier empereur romain », etc. On retrouve là, mais à titre de conséquence, l'idée de Frege, selon laquelle la signification d'une proposition est une autre proposition qui dit la même chose (une référence) mais autrement (deux sens). L'explication de ce que propose Frege est la suivante : les interrogatifs sont des opérateurs référentiels qui ont pour effet de renvoyer à *ce qu'*ils dénotent, des termes, indiquant par là leur signification, en tant que c'est de ces « *ce que* » dont il est question. La signification (*Bedeutung*) s'identifie donc à la référence (*Bedeutung* aussi) des termes dans la mesure où les interrogatifs disparaissent pour ne laisser place qu'aux termes comme « Napoléon » qui résument toutes les réponses *qui*, *où*, *quand*, … qui pourraient se poser et que ces termes abolissent dans les propositions qui font oublier qu'il y a eu question, et qu'elles en sont donc les réponses. Si les questions resurgissent, la proposition apparaîtra clairement comme réponse, « Napoléon est le vainqueur d'Austerlitz = Napoléon est celui *qui…* », les deux assertions ayant le même sens, puisqu'il y est *question* de la *même* chose, à cette différence près qu'une question a été explicitement posée, et que le renvoi à celle-ci est explicite lui aussi. Napoléon est celui *qui* a épousé Joséphine, *qui* a fait le 18 Brumaire, etc.; on dit en fait « Napoléon » et cela rassemble toutes les réponses aux *qui* que l'on peut poser et que la compréhension du terme « Napoléon » rend inutiles, en partie ou en totalité. La signification d'une réponse est donnée par la réponse qui la fait apparaître *comme réponse*, ce qui est référentiel si la question porte sur l'explicitation d'un terme, créant du même coup une équivalence dans le contenu dénoté. Chez Frege[1], cette équivalence de la signification et de la référentialité constitue le tout de la théorie sémantique, le processus n'étant comptabilisé que par son résultat. Frege prend en fait l'analyse en aval, quand les interrogatifs ont disparu parce qu'ils se sont résorbés au niveau de la réponse. Mais il est clair que « César », « Jean », ou « un gentil garçon », sont des termes qui ne font sens qu'en référence à un ensemble de questions résolues, réponses dont ces termes sont en quelque sorte les condensés[2].

En conséquence, il y a référence dans le langage parce que celui-ci naît de l'activité interrogative que l'homme entretient avec le réel, et que juger, c'est finalement répondre à une interrogation. On voit ainsi pourquoi les noms et les prédicats ont une référence. Mais comment expliquer l'assemblage des

---

1. *Écrits logiques et philosophiques*, trad. fr. Cl. Imbert, Paris, Seuil, 1971.
2. Sur ce point, voir M. Meyer, *Langage et littérature*, chap. I et II, « Quadrige », Paris, PUF, 2001.

deux en jugements[1]? Un jugement est une réponse : il y est
question de quelque chose, et pour que la différence entre ce
qui est en question et ce qui a fait question (et auquel on a
répondu) se maintienne, il faut les démarquer. C'est là le rôle
du sujet et du prédicat, respectivement.

Remarquons bien qu'il y a une distinction entre ce dont il
est question dans une réponse, c'est-à-dire son sens, ce *dont*
elle traite, et les termes qu'elle met en œuvre, c'est-à-dire ce
qui est en question, mais se trouve traité comme résolu par le
dire. Le Napoléon en question est-il ce qui est en question dans
« Napoléon est le vainqueur d'Austerlitz » ? Bref, le principe
de composition de Frege, qui veut que la référence, que la
signification d'un jugement, dépende de la référence de ses
constituants, est-il toujours d'application ? Clairement non.
L'individu en question dans « Napoléon est le vainqueur
d'Austerlitz » n'est pas nécessairement ce *dont* il est question,
sans doute parce qu'il n'y est pas *en* question, même s'il est
question *de* lui. Cela limite sérieusement le principe de composition de Frege : il ne s'impose que lorsqu'on cherche le sens
de *termes*, donc de *mots*, et non de discours ou de propositions
isolées (ou non). D'une manière générale, une réponse qui
traite d'une certaine question y renvoie, mais non comme
« Napoléon » renvoie (se réfère) à l'objet « Napoléon » du réel
historique. Ce renvoi à l'interrogativité garantit la possibilité
de discours non référentiels, comme la littérature par exemple,
et pourvus de sens. Il est à remarquer qu'un « objet » – pour

---

1. Napoléon, comme réel, c'est *quoi*? La réponse détermine Napoléon
dans sa réalité et force est bien d'appréhender celui-ci par réponses. S'il est
question de Pierre, Paul ou Jacques, de quels Pierre, Paul ou Jacques ? Ces êtres
ne me sont réels qu'une fois ces questions résolues. Le jugement naît de l'interrogation, en la résolvant : il est réponse à propos d'une certaine question.

utiliser un vocabulaire éculé – n'est appréhendable qu'au terme d'une énonciation qui le caractérise comme tel.

Reprenons notre exemple : « Napoléon est le vainqueur d'Austerlitz ». J'ignore qui est cet homme. Son nom ne me dit rien. L'individu en question ne me deviendra connu que s'il cesse de faire question : la réponse « il est celui *qui* a vaincu à Austerlitz » ne suffit pas, une autre faisant appel à une caractérisation juste, mais familière, doit lui être substituée, comme par exemple celle qui porte sur ses actions les plus significatives. Napoléon (est *ce qui*) *répond* à cette description. Alors que l'objet est ce *sur* quoi porte la réponse, et que celle-ci en consacre ainsi l'indépendance, il n'est connaissable et réel pour moi que par la réponse qui le supprime comme question. Si le problème est identique à *ce qui* fait problème (si je parle du problème de la victoire d'Austerlitz, il est question de celle-ci, je ne parle de rien d'autre que d'elle, *ce qui* fait problème est donc bien la victoire d'Austerlitz), cela qui fait problème *n'est pas* la solution, mais celle-ci porte *sur* lui. Ce « *sur* » marque l'écart de la connaissance et du connu, son indépendance par rapport aux réponses qui le décrivent. L'objet ne répond pas, mais on répond sur lui. Il est muet, mais on le fait parler. On voit donc avec quelle prudence il s'agit de prendre des expressions comme « le dialogue avec la nature » pour parler de l'interrogation *du* réel, le « *du* » consacrant l'écart. La conséquence méthodologique qu'il *faut* tirer est que l'on ne peut poser n'importe quelle question lorsqu'on veut connaître scientifiquement le réel. La spécificité de l'interrogation scientifique tient à ce que, pour être concluante, elle ne peut se formuler que par *une* alternative. Si je demande « que faites-vous demain ? », j'introduis une pluralité de réponses possibles, et mon interlocuteur opère la sélection. Par contre, si je demande « faites-vous ceci demain ? », ou « est-ce que vous faites ceci demain ? », ou encore « vous faites ceci demain, n'est-ce pas ? », je demande à mon interlocuteur de confirmer une proposition ou de l'infirmer. Et je sais par voie de conséquence ce qu'il fait demain, si la réponse est positive. C'est ce dernier type d'interrogation que je puis adresser à la nature. Celle-ci ne répondant pas, je dois moi-même lui *proposer* une solution, ou plus exactement, je dois proposer une solution que l'expérimentation ou l'observation permettra de confirmer ou d'infirmer. Pour cela, il faut réduire le problème initial en questions qui le traduisent, mais se laissent trancher par l'alternative.

LES STRATÉGIES RHÉTORIQUES ET LES TYPES D'AUDITOIRES

Le *logos* porte donc en lui les marques de l'interrogativité, laquelle peut d'ailleurs toujours réapparaître à la faveur d'un dialogue ou d'une quête de sens, mettant en évidence du même coup l'aspect *réponse* du jugement, de la « proposition ». Le langage, ou plutôt le discours, traduit l'éventualité d'une distance entre les interlocuteurs, donc contient la possibilité du rapport rhétorique, de la mise en question, à titre de possibilité interne.

Si une question surgit, on peut évidemment l'aborder de deux façons : au niveau de la chose même, du *logos*, mais comme le *logos* est le lieu de projection des individus, de leurs différences comme de leurs identités, on peut également se porter au niveau de l'*ethos* et du *pathos* pour en traiter. Cette distinction entre les deux plans est celle, bien connue, de l'*ad rem* et de l'*ad hominem*. Si la relation a pour objet de négocier la distance entre les individus sur une question qui est la mesure de cette distance, il s'ensuit qu'en résolvant cette question, on se prononce du même coup sur la distance inter-subjective. C'est ce que stipule le principe d'adhérence. Mais on peut toujours privilégier un angle d'attaque et aborder le problème en se portant sur les individus et leur relation – c'est le plan *ad hominem* – comme on peut, si l'on préfère, s'attacher à la question même, à *ce qui* fait question, à *ce dont* il est question – c'est le plan *ad rem*.

Là encore, différentes stratégies sont possibles. L'objet étant la négociation de la distance, c'est l'identité et la différence entre les individus qui se trouve en question. Identité et différence se retrouvent à l'œuvre tant au niveau de l'*ad rem* qu'à celui de l'*ad hominem*. Car il s'agit chaque fois de réduire ou d'augmenter une différence, de l'annuler ou au contraire de l'accroître, par exemple en rapport à une valeur-repoussoir, ce qui crée une plus grande identité, une plus grande communion dans le rejet de la valeur-repoussoir invoquée.

Au départ, une question oppose ou divise des individus, les implique – et donc ils discutent – ou simplement les anime. C'est elle qui donne la mesure de la distance qui les sépare. Eux-mêmes, en tant qu'ils sont impliqués par cette question, s'investissent dans la relation intersubjective. La relation interrogative sert ainsi de base au jugement de l'autre.

Si l'opposition prévaut, il y aura forcément, dans la résolution, un « perdant » et un « gagnant ». D'où l'usage qui consiste, comme en droit, à ritualiser l'échange et à investir un juge extérieur de la délicate mission de trancher, et ensuite de faire appliquer ce qui découle de la solution adoptée.

Bref, d'une manière plus générale, la mise en question peut se faire de deux façons. La première d'entre elles consiste à opérer sur la question même ; la seconde, sur la relation entre le locuteur et son interlocuteur. D'où l'aspect essentiel de la célèbre distinction entre l'*ad rem* et de l'*ad hominem*.

Lorsqu'une question surgit et qu'on ne peut la traiter par une réponse qui l'abolisse ou la minimise, on va devoir l'aborder comme telle, le cas-limite étant celui de l'affrontement pur et simple, comme au tribunal, où le problème est expressément mis sur la table comme devant être résolu, et la cause tranchée.

Si procéder à l'*ad rem* s'avère impossible ou infructueux, on assistera bien souvent au passage de l'*ad rem* à l'*ad hominem* où l'on met en cause les individus directement.

Mais revenons à la démarche *ad rem*. Que se passe-t-il lorsqu'une question devient objet de discussion ou simplement de discours ? Deux grandes orientations s'offrent au locuteur : il peut opérer à partir de la réponse, ou à partir de la question. Les deux processus sont d'ailleurs liés, mais il est vrai que l'on peut amplifier la valeur, la validité ou la pertinence d'une réponse en la présentant comme étant *la* réponse, ou la minimiser si l'on souhaite privilégier la réponse adverse. De même que l'on peut amplifier le caractère problématique d'une solution, si l'on veut faire adopter la réponse contraire, ou mettre en question son propre auditoire, pour accroître la distance, afin de gagner quelqu'un d'autre à sa cause, fût-ce par exemple soi-même.

On comprend dès lors le rôle fondamental que jouent l'amplification et la minimisation dans la procédure rhétorique, le plus et le moins, le mieux et le négatif. Un peu comme lorsqu'on parle des révélations plutôt que des accusations d'un témoin, auquel on confère par là une crédibilité plus grande, même s'il s'agit en réalité du même discours. Celui-ci est donc toujours une mise en évidence d'une qualification, qui majore ou minore un fait soumis à évaluation.

Ce sont ces procédures d'amplification et de minimisation qui déterminent les figures de rhétorique que l'on utilise. Quelques exemples permettront de mieux saisir ce fait. L'amplification peut se faire par divers procédés de mise en évidence stylistique, comme la métabole par exemple, où l'on répète diverses expressions afin de rendre une même idée. Mais on peut fort bien exagérer d'un seul coup le trait, comme dans l'hyperbole par exemple (qui grandit le propos), ou l'hypotypose (qui est une image forte, faite bien souvent de comparaisons et de descriptions vives).

Pour ce qui concerne la minimisation, la démarche consiste à nier, à sous-entendre le contraire, à dire le moins pour le plus, qui sont autant de procédés gradués d'affaiblissement de la réponse. Ainsi, la litote affaiblit la déclaration littérale (Le célèbre « Je ne te hais point » de Corneille pour dire « Je t'aime »); l'euphémisme qui atténue le propos, la prétérition (ou dénégation) qui, elle, mentionne bien la question soulevée… pour dire qu'elle ne se pose pas, et enfin la pétition de principe, qui postule une question comme étant carrément résolue.

Il est clair que l'on peut privilégier une idée partagée avec l'auditoire, ou au contraire, s'emparer d'une idée qu'il repousse : ce sont là les deux faces du traitement d'une question. Si l'auditoire est perçu comme étant en faveur de A, on peut exagérer A, ou jouer sur le négatif de non-A, pour en minimiser la valeur et accroître ainsi indirectement son caractère hautement problématique. L'amplification comme la minimisation sont neutres à l'égard de la stratégie. Elles peuvent aller dans un sens comme dans l'autre. Cela consacre l'autonomie du *logos*. Mais cela permet aussi au locuteur de privilégier la réponse ou le traitement du problématique directement, même s'il lui semblera toujours préférable de faire passer une réponse sur une question donnée, plutôt que de prendre en charge directement cette question comme telle, ce qui laisserait apparaître davantage les clivages. Car il faut bien se rendre compte que *la* problématique – sous-jacente ou non – qui a engendré le propos, peut toujours resurgir du simple fait que toute réponse, qui consacre une identité par rapport à un point de vue, représente aussi, par là-même, une différence avec toute autre thèse ou idée. C'est dire que *le* problématique, qui se traduit subjectivement par l'alternative de l'identité et de la différence, n'est jamais entièrement gommé, mais l'est seulement plus ou moins : ce qui est réponse pour l'un apparaîtra tellement grossi à un autre qu'il le contestera d'autant plus fortement, et inversement. Le jeu du questionnement met en pleine lumière le clivage entre réponses opposées et opposables, puisque l'opposition se fait sur la base d'un problème. Le principe de contradiction, ou plus exactement de non-contradiction, est d'ailleurs issu du questionnement, il en est comme le prolongement naturel et la conséquence logique. La logique fonctionne ici comme l'expression du souci de maintenir un répondre unique au regard d'une question donnée. Cette logique devient argumentative, lorsqu'on a à penser l'articulation de ce répondre, et de ce à quoi elle tient lieu de réponse. La *question* de cette articulation des réponses se surajoute à leur production, à la séquence évidente des réponses en répondre unique. Argumenter revient alors à se poser la question précise, au lieu de simplement se laisser aller à y répondre, comme sous le coup d'une rationalité immanente ou d'une démarche apparemment sans raison. L'argumentation n'est alors rien d'autre que la justification de ce répondre par rapport à une question donnée à laquelle il est jugé adéquat en vertu d'autres réponses qui en sont les arguments et les raisons.

Quoi qu'il en soit, le *logos* demeure neutre quant au point de vue adopté, dans les faits, par l'un ou l'autre sur une réponse produite. L'identification prédicative laisse forcément sur le côté les autres traits, considérés comme non pertinents, comme autant de différences que l'on peut gommer et qui représentent en retour d'autres points de vue possibles. Ainsi, si j'identifie Jean à un cochon lorsqu'il mange salement, je laisse de côté tout ce qu'il est par ailleurs (un garçon sympathique, intelligent, sensible, etc.) et qui sont autant de différences, donc de mises en question possibles de mon attitude négative à son égard. Ces différences définissent *l'espace argumentatif*.

Ce qu'il faut bien voir est que le *logos* présente une autonomie certaine par rapport à de telles attitudes subjectives. Les figures classiques de la rhétorique, comme la métaphore, la métonymie ou le synecdoque, sont autant de modes d'abolition des différences par des identités plus ou moins fortes, à ne pas prendre au pied de la lettre, mais qui demeurent neutres, car formelles, quant à la réaction des individus.

On peut refuser l'identité ou l'endosser, mais le *logos* ne le dit pas. Dès lors, si l'on veut s'adresser à quelqu'un pour le rejoindre par le cœur ou par l'esprit, il faut trouver ce à quoi *lui* s'identifie et ramener figurativement, métaphoriquement, nos pensées à son point de vue, ou il faut problématiser ce qu'il refuse et qui représente *a priori* une position différente, ce qui définit un sujet autre, imaginaire ou bien réel. Comment appeler le point de vue de l'auditoire, ce à quoi il croit et adhère, par construction ou non, et qui constitue ses réponses propres ou héritées, et sur lesquelles l'orateur doit bâtir *sa* propre démarche pour la rendre acceptable ? Des lieux communs, c'est-à-dire, plus simplement, un ensemble de réponses *qui, quoi, comment, où*, qui traitent de *ce dont* on lui parle. Savoir comment il se prononce sur toutes ces questions, c'est pouvoir déterminer ce qui, de ses croyances, peut donner *lieu* à réponses communes, c'est connaître les lieux communs, qui s'appuient sur ses valeurs, ses perspectives, ses croyances, ses opinions.

De telles considérations sont clairement essentielles lorsque l'on passe du langage à son utilisation, lorsqu'on abandonne le jeu des concepts pour celui des réponses. Si le sujet est toujours impliqué en elles, du fait du principe d'adhérence, il cesse d'être un auditoire simplement potentiel lorsqu'on se voit obligé de s'atteler à la question comme expression même de la distance entre les sujets. Ce glissement de l'*ad rem* à l'*ad hominem* peut également se produire par choix. Là encore, on peut minimiser le problématique, ou l'amplifier, comme dans l'insulte, qui est une mise en cause radicale et une distanciation sans retour. En ce qui concerne la minimisation de la distance, elle peut se faire, par exemple, en se dévalorisant (c'est le *chleuasme*, où l'on se moque de soi, où l'on se nie, où l'on s'affirme modeste), et en se rétractant ou en se corrigeant (c'est l'*épanorthose* : « je voulais bien sûr dire… »). De façon générale, on peut qualifier l'assentiment à la position de l'autre en allant du changement de sujet à la disqualification pure et simple (*apodioxie*), qui sont autant de mises en question d'autrui plus ou moins prononcées sur une réponse donnée et/ou sur le locuteur qui la profère.

Il y a ainsi *quatre auditoires* implicites à la réponse, qui sont autant de façon de réagir à une question. 1) Il y a celui qui adhère, silencieusement ou explicitement, 2) il y a celui qui refuse la réponse, expressément ou non, 3) il y a celui qui la modifie, en amplifiant ou en minimisant, en ajoutant ou en retranchant, et enfin 4) il y a celui qui récuse la question, par exemple parce qu'elle ne l'intéresse pas.

Ceci résume-t-il les différentes stratégies possibles en rhétorique ? Voyons maintenant ce que peut l'orateur ou l'interlocuteur. Il peut évidemment jouer sur le problématique (*ad rem*) ou sur la distance entre les protagonistes (l'*ad hominem*). Dans le premier cas, il peut viser à minimiser le problématique ou à l'augmenter, soit au niveau de la question, soit, ce qui revient au même, par le biais de la réponse. Dans le second cas, le processus est le même : on minimise ou l'on amplifie une distance, soit en jouant sur sa position de locuteur, soit en interpellant l'auditoire. Pour que la démarche apparaisse plus concrète, considérons quelques exemples qui vont illustrer quelques-unes de ces possibilités.

Minimisation de la question

Il y a une gradation toute en nuance qui peut se faire et qui peut aller de la *litote*, qui nie la question, à la *pétition de principe*, qui la suppose carrément résolue, en passant par la *prétérition* (ou déni) qui cite la question dont on affirme qu'elle n'est pas en question. Ainsi, la célèbre litote « Va, je ne te hais point » minimise la problématicité liée à un amour apparemment impossible, une problématicité néanmoins soulevée par le terme *haine*. L'*euphémisme* est une autre figure de minimisation, mais moins forte, car si je dis « je t'aime bien », je commence déjà à affirmer mon « amour », sans véritablement l'exprimer tel quel. Minimiser par la litote ou l'euphémisme, c'est bien sûr moins radical que de soulever carrément la question en la disant, même négativement (prétérition : « Je ne dirai pas ici que je vous aime, car ce n'est pas le propos… ») ou en ne la disant pas (pétition de principe de l'« amour » en question : « J'adore être en votre compagnie… »).

Amplification de la problématicité

On a là le processus inverse du précédent. On peut rendre un propos démesuré de bien des façons. L'*hyperbole* est une des figures de rhétorique bien connues à cet égard.

Minimisation de la distance

a) À *partir du locuteur*. – On peut, par exemple, minimiser toute supériorité éventuelle : « Moi qui ne suis pas un expert comme vous… ». Cela s'appelle, en rhétorique, un *chleuasme*.

b) À *partir de l'interlocuteur*. – On peut, par exemple, valoriser l'autre, l'apostropher : « Vous, qui êtes un spécialiste… »

Remarquons ici encore qu'il y a modulation dans la minimisation de la distance, car on peut *concéder* la réponse de l'autre ou encore se rétracter (*épanorthose*).

Accroissement de la distance

a) *À partir de la position de l'interlocuteur*. – Ce sont là toutes les attaques *ad hominem*, plus ou moins directes, qui vont de l'ironie à la dénaturation de la position de l'autre (la *prolepse* : « Vous me direz sans doute que… ») jusqu'au rejet pur et simple. Cela recouvre également l'attaque directe de l'interlocuteur où, par exemple, on est amené à dire : « Et vous, qui avez défendu telle ou telle position, qui êtes-vous pour soutenir maintenant… ».

b) *À partir de sa propre position*. – On peut évidemment accroître la distance en faisant porter l'attaque sur l'autre, mais aussi en affirmant sa différence propre sans chercher à se concilier l'interlocuteur.

Tout ceci rappelle clairement ce que nous avons dit à propos des opérations fondamentales de la rhétorique, qui sont le *plus* et le *moins*, qui qualifient et disqualifient les réponses et partant, ceux qui s'en réclament ou s'en défendent.

Il est assez évident que les concepts, en tant que condensés de questions passées et possibles, sont en eux-mêmes neutres quant à l'identité ou à la différence qu'ils peuvent traduire. D'où l'impression « d'objectivité » véhiculée par le *logos*, qui semble avoir résolu presque anticipativement toutes les questions et se situer en dehors même de leur existence. Les figures de style visent à annuler la problématicité en assignant un « comme si » à *ce qui* est perçu et vécu comme problématique : Richard a un comportement étonnant, au combat et ailleurs ; bref, il fait penser à un lion, royal et courageux, clément et noble ; peut-être n'est-il pas tout cela, mais il semble être *comme* le lion dans le règne animal, et en identifiant Richard à un lion, on s'épargne de toute façon le souci d'avoir à expliciter littéralement et presque en détail ce qu'il est *réellement*. Une identification métaphorique, ou tropologique en général, fait voir *ce dont il est question* sans soulever celle-ci, puisqu'elle se présente comme résolue. Ce qu'est *x* est su, même si ce l'est au travers de la manière d'en parler et de le concevoir qui maintient le caractère problématique de « la juste » qualification. Mais une métaphore ne se distingue en rien ici d'autres figures de rhétorique qui remplissent la même mission : effacer le problématique en faisant « comme si ». La stratégie d'usage des figures consiste à marquer l'identité pour gommer la question donnée. Rien ne prouve que l'identité conceptuelle implique une adhésion : il faut pour cela que l'identité se fasse par rapport à une réponse déjà acceptée (ou récusée, s'il s'agit de créer le rejet de la réponse). L'identité de Richard au lion n'est positive que si le courage l'est, et si Richard est au contraire un cochon, la métaphore sera négative, parce que manger salement est négatif. Cela implique que l'on dispose, entre autres, de lieux communs qui règlent le préférable et le négatif. Quelle est la différence entre un lieu commun et un lieu propre ? Formellement, le lieu propre est une réponse à l'une des questions *qui*, *quoi*, *comment*, *quand*, *où*, etc., que l'on peut poser à propos de quelque chose en *propre*, en *particulier* (Napoléon est… : on a là un ensemble de réponses qui déterminent ce qu'est Napoléon en propre, et elles renvoient toutes à ces questions générales *qui*, *quoi*, *où*, etc.).

Une figure plus un lieu donnent une distance, positive ou négative, c'est-à-dire accrue ou diminuée.

Les concepts sont donc des lieux d'identité, et les différences sont soit inexistantes, soit abolies figurativement. Richard est un lion comme il est (littéralement) un homme. Ou bien, il est un cochon ou un aigle, ou que sais-je encore. Le lieu commun permettra de décider si c'est positif ou négatif, car c'est une réponse où se retrouvent l'orateur et l'auditoire, où se dessine donc leur communauté. C'est un *lieu* de rencontre des hommes et de leur discours; c'est par les lieux communs qu'ils se projettent dans le *logos* et que celui-ci exprime ce qui les unit (ou les divise). Un concept, par lui-même, condensant des réponses, supprime les questions qui pourraient diviser ou séparer les sujets sur le sujet. Il est neutre et indifférent à toute différence intersubjective, donc à l'usage rhétorique, qui lui est extérieur. Certes, le concept identifie et rassemble, projetant ses situations d'emploi en dehors de lui-même. Il n'empêche que le concept, en tant que réponse qui condense d'autres réponses possibles qui n'ont pas à se dire, renvoie à des identités de points de vue, d'angles d'approches, et excluent du même coup d'autres perspectives, ce qui crée la distance intersubjective dont la rhétorique est la prise en charge. Ainsi, affirmer que Richard est un lion présuppose : 1) des qualités reconnues au lion, 2) ainsi qu'une valorisation principielle accordée au courage, laquelle est donc un lieu commun, et sur lesquelles (1 et 2), à la limite, on pourrait imaginer de revenir. C'est évidemment peu probable avec un exemple aussi sédimenté, mais il en existe de plus problématiques du genre : « Les essais nucléaires sont l'oxygène de la force de frappe française », où l'on voit bien que le concept d'oxygène peut donner lieu à controverse lorsqu'il s'agit d'essais nucléaires, terme destiné à exclure ceux qui s'y opposeraient, car qui souhaiterait asphyxier son potentiel national de défense ?

L'argumentation relève de la théorie du questionnement. Dès lors, un argument n'est rien d'autre qu'un avis sur une question qui surgit à la faveur d'une réponse, qu'elle n'épuise pas, ne fût-ce que parce qu'elle n'y répond pas directement. Soulever une question par ses réponses – ce qui est le propre du discours – c'est argumenter, car pour autrui, une réponse n'est

telle que pour *ses* propres interrogations, et partant, la réponse
fait toujours question. Une question étant posée, l'éventualité
de l'avis opposé, ou plus simplement d'un débat, se trouve
posée avec elle. Mais de quelle question s'agit-il? Si une
question doit être affrontée dans un contexte donné, l'argument est la réponse qui tient lieu de conclusion sur la question.
A l'inverse des mathématiques, les règles de passage et les
prémisses demeurent implicites au contexte : *elles* ne font pas
question. Le passage de la question à la réponse est bien une
inférence, *via* le contexte et l'information qu'il offre. Inversement, le destinataire est un questionneur qui, de son côté,
remonte à la question soulevée par la réponse, il infère celle-là
de celle-ci via le contexte. Inférence non contraignante, car
elle ne relie pas deux assertions posées comme telles de
manière à ce que la seconde s'impose par cette relation comme
nécessaire. Elle est au contraire inférence souple, qui ne
requiert pas d'être explicitée totalement, et dont la conclusion
se révèle simple possibilité, comme toute réponse l'est *a priori*
au regard d'une question *a priori* : « Il pleuvra » n'est en fin de
compte qu'une réponse possible à l'égard de la question du
temps qu'il fera demain.

On peut donc dire également qu'il y a argumentation dès
lors qu'il y a rapport entre un explicite et un implicite. L'inférence se situe au niveau de l'acte d'énonciation même. Par la
question qu'il soulève, évoque, suggère, implique ou «implicite» (Grice[1]), le dire conclut en faveur d'une solution sur la
question traitée, tient lieu d'argument dans un *pro et contra*.
L'argumentation fonctionne comme exigence d'une conclusion, éventuellement d'une certaine décision à prendre (le
faire faire), au regard du problème posé dans le contexte

---

1. P. Grice, *Logic and conversation* (1987) dans *Studies in the way of
words*, Harvard, 1989.

de son occurrence, contexte qui fournit aux protagonistes les ressources informatives nécessaires à l'inférence de la réponse-conclusion. Partagées par le locuteur et le destinataire, ces informations peuvent rester implicites, à l'inverse de ce qui se passe en mathématiques ou dans les sciences expérimentales, où le savant ne sait pas à qui il s'adresse et ce que son interlocuteur sait ou pense. Parce que cette liaison entre les protagonistes repose sur des imputations de savoir, sur des savoirs de savoirs, sur des hypothèses faites sur les problèmes de l'Autre, parce que le passage d'un problème à la solution est enraciné dans le contexte où il se pose, parce que toute solution demeure, quoi qu'il arrive, problématologique, rien n'assure à cette dernière l'acceptation escomptée par celui qui la propose. Loin de résoudre une question par la stipulation de ce qu'il en pense, le locuteur peut donc créer un débat au moment où il espérait l'avoir clos.

Un argument, disions-nous, évoque (ou suggère, ou implique, etc.) une question. Il ne la mentionne pas, nous le savons. Mais il se peut que cette question n'agite guère le destinataire. Or, à l'inverse du discours scientifique, péremptoire en ce qu'il n'appelle pas réponse, le langage ordinaire vise toujours un ou plusieurs questionneurs particulier(s) dont la problématique personnelle est prise en considération par le locuteur. Si ce n'est pas le cas, on a le risque égal de déplaire ou de ne pas intéresser. On peut certes soulever une question que le destinataire ne se pose pas auparavant. Mais si le questionneur auquel on s'adresse n'est pas pris en compte *comme tel* par le locuteur, ce dernier va apparaître comme le seul protagoniste qui compte. Il parle tout seul, ou, comme c'est le cas en science, il agit comme si la problématique personnelle de ceux auxquels il s'adresse n'était pas pertinente. Le monologue imposé à autrui suppose la mise en œuvre d'une relation de hiérarchie, d'un rapport de force qui oblige à l'écoute, ou d'autres types de déviation liés à l'inflation du Moi. L'argumentation renvoie au maintien éventuel de la problématisation, dans la mesure où dire ce que l'on pense d'une question ne suffit pas à rendre ce dire argumentatif. Ce dernier suppose l'inférence, et puisque le locuteur possède et la question et la réponse, la communication de cette dernière n'est argumentative que si quelqu'un d'autre que le locuteur les met en corrélation. D'où l'idée que l'argumentation est un *faire faire*, direct s'il s'agit d'amener quelqu'un à se prononcer ou à le décider à adopter une ligne de conduite sur un problème donné, indirect si l'on se limite à lui communiquer certaines opinions ou conclusions utilisables le moment venu, lorsqu'il se trouvera confronté plus tard à la question. En ce sens, l'éducation est argumentative. Ou elle devrait l'être, en tout cas.

TEXTES ET COMMENTAIRES

TEXTES ET COMMENTAIRES

TEXTE 1

Rhétorique à Herennius, Livre I, 3 – 1,23 [1]

L'invention s'étend aux six parties oratoires : l'exorde, la narration, la division, la confirmation, la réfutation, la péroraison. L'exorde est le début du discours; il dispose l'esprit de l'auditeur à l'attention. La narration est l'exposé réel ou vraisemblable des faits. Dans la division nous établissons les points qui sont hors de doute, ceux qui sont contestés, et nous exposons l'objet du discours. La confirmation développe nos arguments avec leurs preuves. La réfutation détruit ceux qu'on nous oppose. La péroraison termine avec art le discours. […].

La cause une fois déterminée, il faut, pour y approprier plus convenablement l'exorde, considérer à quel genre elle

1. Trad. fr. M. Nisard (dir.), *Œuvres complètes de Cicéron*, t. I, Paris, J. J. Dubochet et cie, 1840 [N.d.E. : On a longtemps attribué à Cicéron *La rhétorique à Herennius*. En réalité, on n'est plus sûr de l'auteur aujourd'hui et la traduction ancienne reprise ici continue d'attribuer la parenté de ce texte au grand orateur romain].

appartient. Ces genres sont au nombre de quatre : l'honnête, le honteux, le douteux ou le bas.

La cause appartient au genre honnête, quand nous défendons ce qui serait probablement défendu par tout le monde, ou que nous combattons ce que chacun repousserait comme nous : par exemple, quand nous parlons en faveur d'un homme de bien, contre un parricide. On entend par honteuse la cause qui a pour objet d'attaquer ce qui est honnête, ou de protéger ce qui ne l'est pas. Elle est douteuse quand elle participe à la fois des deux précédentes ; elle est basse, quand son objet inspire le mépris.

[...] Quant à la bienveillance, il y a quatre moyens de se la concilier, c'est de parler, ou de soi, ou de ses adversaires, ou de ses auditeurs, ou de la cause elle-même.

Pour attirer la bienveillance en parlant de nous-mêmes, nous ferons un éloge modeste de nos services ; nous rappellerons notre conduite envers la république, envers nos parents, nos amis ou ceux même qui nous écoutent, pourvu que tous ces souvenirs se lient à notre cause. Nous pourrons aussi tracer le tableau de nos disgrâces, de nos besoins, de notre abandon, de nos malheurs ; supplier les auditeurs de nous prêter secours, en leur témoignant que nous n'avons pas voulu placer en d'autres nos espérances.

Nous obtiendrons la bienveillance en parlant de nos adversaires, lorsque nous en ferons des objets de haine, d'envie ou de mépris : de haine, en signalant dans leur conduite quelque trait d'infamie, d'orgueil, de perfidie, de cruauté, de présomption, de malice, de perversité ; d'envie, en produisant au grand jour leur violence, leur tyrannie, leurs intrigues, leur opulence, leurs déréglements, l'abus qu'ils font de leur noblesse, le nombre de leurs clients, de leurs hôtes, leurs liaisons, leurs alliances, et en prouvant qu'ils mettent plus de confiance dans ces avantages que dans la justice de leur cause ;

enfin, de mépris, en dévoilant leur ignorance, leur lâcheté, leur molesse, leurs excès.

On pourra se concilier la bienveillance en parlant des auditeurs, par l'éloge du courage, de la sagesse, de la douceur, de l'éclat de leurs jugements ; par la considération de l'estime qu'ils vont mériter, de l'attente qu'ils doivent remplir.

Le sujet lui-même appellera la bienveillance, quand nous exalterons la bonté de notre propre cause en méprisant celle de nos adversaires.

Nous allons traiter à présent de l'exorde par insinuation.

Il y a trois circonstances où l'on ne peut user du début simple ; il faut les examiner avec soin : c'est lorsque nous plaidons une cause honteuse, c'est-a-dire propre à indisposer contre nous ceux qui nous écoutent, ou bien lorsque les raisons présentées par nos adversaires semblent assez fortes pour porter la conviction dans les esprits ; ou bien encore lorsque l'auditeur est fatigué par l'attention qu'il a déjà prêtée à ceux qui ont parlé avant nous.

Si la cause a quelque chose de honteux, voici comment nous pourrons commencer. C'est la chose et non pas la personne, ou bien la personne et non pas la chose qu'il faut considérer : nous sommes bien loin d'approuver les faits allégués par nos adversaires ; ils sont indignes, ils sont odieux. Puis, lorsque nous aurons développé cette idée pendant longtemps, nous prouverons qu'il n'y a rien eu de pareil dans notre conduite ; ou nous nous appuyerons d'un jugement prononcé par un autre tribunal dans une cause analogue ou tout à fait semblable, dans une moins importante ou plus grave encore. Nous arriverons ensuite insensiblement à la nôtre, et nous ferons voir en quoi elle ressemble à celle que nous venons de citer. Nous déclarerons aussi que notre intention n'est pas d'attaquer la personne de nos adversaires tout en restant dans la cause. Cependant, et malgré cela, nous en traiterons d'une façon détournée par quelques mots comme jetés au hasard.

Si notre adversaire avait persuadé les auditeurs, c'est-à-dire que son discours eût produit la conviction, ce qu'il nous sera facile de reconnaître, puisque nous savons les moyens qui la déterminent ordinairement, nous nous insinuerons dans la cause de la manière suivante. Nous promettrons de parler d'abord de ce que nos adversaires ont regardé comme l'invincible argument de leur cause ; ou bien nous commencerons par attaquer quelques-unes de leurs assertions, et surtout la dernière ; ou nous paraîtrons ne pas savoir par laquelle nous devons débuter, nous demandant avec embarras quelle est celle que nous réfuterons la première.

Enfin, si l'attention de l'auditeur est fatiguée, nous essayerons d'abord de la réveiller par quelque chose qui puisse exciter le rire, un apologue, un conte, une citation forcée, une inversion, ou une équivoque, une conjecture, un sarcasme, une naïveté, une hyperbole, un rapprochement, un changement de lettres : ou bien encore nous piquerons la curiosité au moyen d'une comparaison, d'une bizarrerie ; en citant une anecdocte, un vers ; en profitant d'une interpellation, d'un sourire approbateur. Nous pourrons promettre aussi de répondre autrement que nous n'y étions préparés ; de ne pas nous exprimer comme les autres ont l'habitude de le faire ; et nous montrerons en quelques mots en quoi consiste leur manière et la nôtre.

Voici quelle est la différence entre l'exorde par insinuation et le simple début. Dans ce dernier, nous devons employer, dès l'abord, les moyens que nous avons prescrits pour nous concilier la bienveillance, l'attention et l'intérêt de l'auditeur ; tandis que, dans le premier, nous cachons et dissimulons notre marche pour arriver au même but, et nous faire obtenir les mêmes avantages. Sans doute l'orateur doit se proposer, dans toute la suite de son discours, d'atteindre un triple but, c'est-à-dire de ceptiver continuellement les auditeurs, de se les rendre favorables, bienveillants, mais c'est surtout dans l'exorde qu'il doit s'assurer cette bienveillance. Maintenant, je vais t'enseigner à éviter les défauts, qui pourraient déparer ton exorde.

Lorsqu'on commence un discours, il faut avoir soin de donner de la douceur à son débit et de la simplicité à son langage, afin que rien ne sente l'apprêt. L'exorde n'est pas bon lorsqu'il peut convenir également à plusieurs causes; c'est celui qu'on appelle banal; il en est de même, lorsuqe votre adversaire peut l'employer aussi bien que vous; c'est l'exorde vulgaire; ou bien encore, s'il suffit de légers changements pour qu'on puisse vous l'opposer. Il n'est pas moins imparfait lorsuqe les termes en sont trop recherchés, qu'il est trop long, ou ne paraît pas naître du sujet lui-même (on l'appelle alors étranger, ce qui comprend aussi l'exorde d'emprunt); quand il ne se lie pas étroitement à la narration; lorsque enfin il ne produit sur l'auditeur aucun des trois effets qu'on se propose. Mais c'est assez sur l'exorde; passons maintenant à la narration.

Il y a trois genres de narration. L'une qui expose les faits et sait les présenter sous un jour avantageux à la cause, pour assurer le succès: c'est celle qui convient dans les affaires soumises à un jugement. L'autre est celle qu'on fait entrer quelquefois dans le discours, comme moyen de preuve, d'accusation, de tansition, de préparation ou d'éloge. La troisième ne s'emploie pas dans les causes civiles, et cependant il est utile de s'y exercer, afin de réussir plus aisément dans les deux autres. Elle se divise en deux genres, l'un qui regarde les choses, et l'autre, les personnes. Celle qui regarde les choses a trois parties, la fable, l'histoire et l'hypothèse. La fable présente des choses qui ne sont ni vraies ni vraisemblables, comme celles que nous ont transmises les tragiques. L'histoire reproduit un fait vrai, mais dont le souvenir remonte à un autre âge. L'hypothèse suppose une action qui aurait pu se passer, comme dans les comédies. La narration qui regarde les personnes doit unir, aux grâces du style, la variété des caractères ; tantôt grave et tantôt légère, elle doit peindre l'espérance, la crainte, le soupçon, le désir, la dissimulation, la pitié, l'inconstance des événements, les vicissitudes de la fortune, les revers inattendus, les joies subites, les dénoûments favorables. Mais c'est par l'exercice que l'on acquiert ces qualités. Je vais indiquer à présent comment il convient de traiter la narration d'un fait véritable.

Trois qualités sont nécessaires à la narration, la brièveté, la clarté, la vraisemblance. Puisque nous savons que ces conditions sont essentielles, apprenons à les remplir.

Nous pourrons faire une narration rapide si nous commençons où il faut commencer, sans vouloir remonter trop haut ; si nous présentons les faits sommairement et non dans leurs détails ; si, au lieu de les épuiser, nous n'employons que ceux dont nous avons besoin ; si nous n'usons pas de transitions ; si nous suivons sans nous en écarter la route que nous avons prise ; et si nous exposons la conséquence des faits de manière à ce qu'on puisse savoir ceux qui se sont passés avant, quoique nous n'en ayons pas parlé. Quand je dis, par exemple : « Je suis revenu de la province », on comprend que j'y étais allé. Il vaut mieux passer tout à fait, non-seulement ce qui peut nuire à la cause, mais encore ce qui y est indifférent. Gardons-nous aussi de répéter deux ou plusieurs fois la même chose, ou de reprendre le membre de phrase qui précède comme par exemple :

> Simon arriva le soir d'Athènes à Mégare ; dès qu'il fut arrivé à Mégare, il tendit des pièges à une jeune fille ; après lui avoir tendu des pièges, il lui fit violence dans le même lieu.

Notre narration sera claire, si elle présente d'abord les faits qui se sont passés les premiers, en conservant l'ordre réel ou du moins probable des choses et des temps. C'est ici qu'il faudra soigneusement éviter d'être confus, embrouillés, équivoques ; qu'il faudra s'interdire les néologismes, les disgressions ; ne pas reprendre de trop loi, ne pas traîner en longueur ; ne rien laisser échapper de ce qui tient au sujet, tout en observant les préceptes de la brièveté ; car plus le récit est court, plus il est clair et facile à saisir.

La narration sera vraisemblable, si nous parlons d'une manière conforme à l'usage, à l'opinion, à la nature ; si nous mettons bien d'accord le laps du temps, la dignité des personnes, les motifs des résolutions, les convenances des lieux ; de peur que l'on ne puisse nous répondre : le temps a été trop court ; il n'y avait aucun motif ; le lieu n'était pas favorable ; enfin les personnages n'ont pu ni agir ni laisser agir ainsi. Si le fait est vrai, il ne faut pas moins prendre toutes ces précautions en le racontant ; sans quoi la vérité peut souvent ne pas paraître vraisemblable. Si le fait est supposé, c'est un motif de plus d'observer ces précautions. On ne doit contester qu'avec réserve tout ce qui paraît s'appuyer sur des titres écrits ou sur une autorité respectable. […].

COMMENTAIRE

À PROPOS DE LA RHÉTORIQUE ANCIENNE

La *Rhétorique à Herennius*, que l'on a longtemps attribuée à Cicéron, est peut-être, plus encore que l'œuvre de Quintilien, le chef-d'œuvre de la rhétorique romaine. Quintilien a certes accompli un travail de synthèse sans égal dans l'Antiquité, mais c'est une synthèse. La *Rhétorique à Herennius* se présente également comme une somme, mais elle innove sur bien des points, même par rapport à Cicéron. Elle n'est donc pas sans rappeler le travail pionnier qu'a réalisé Aristote pour la rhétorique grecque. Celle-ci est née de l'effondrement de la mythologie comme système d'explication du monde. Les hauts faits aristocratiques de dieux guerriers n'interpellent plus les hommes nouveaux de la Cité grecque, qui s'ouvre aux commerçants, aux artisans, ou aux hommes que la mer a enrichis. Ce qui faisait l'objet d'une évidence sociale devient problématique et affaire de débat. Les citoyens libres y expriment leurs différences, leur désaccords, ils disent ce qui leur plaît et ce qui leur déplaît, et quand il ne se trouve pas de compromis possible, ils vont au tribunal. Aristophane ridiculisera cette démarche d'obsession judiciaire dans sa célèbre pièce *Les Guêpes*. On y voit un vieux patricien qui veut juger tout le monde et que son fils est obligé d'enfermer dans sa maison pour qu'il se calme, mais rien n'y fait. Alors, pour canaliser sa folie, il lui permet de juger un chien qui a volé la pitance d'un autre chien, comme si c'étaient des humains. Cela plaît beaucoup au vieux père gâteux, qui se voit replongé à l'époque de sa jeunesse, où l'on faisait des procès à tout le monde.

La rhétorique est donc née des conflits, des désaccords, et plus généralement, des différences qui sont parfois devenues des différends. On a là sans doute la forme originaire de la subjectivité, de l'individualité, dans un monde, l'Antiquité, qui ignorait ces notions telles que nous les connaissons aujourd'hui. Comment négocier ces différences dès lors qu'il faut bien vivre ensemble ? Telle a été la question de base de la réflexion politique des Grecs. Pour Platon, la réponse est simple : ce sont les meilleurs, ceux qui ont le savoir et l'instruction, qui doivent imposer leurs réponses aux autres. Pour Aristote, plus démocrate, on doit d'abord discuter ce que l'on entend par « Bien commun » et se mettre d'accord. C'est sans doute là l'origine également du contrat social, cher à la modernité. Mais le contrat social est une fiction, car on est plongé dans une société dont on ne peut renégocier les termes. Par contre, on est sans cesse en train de protester et de critiquer les mesures prises par les dirigeants, on peut influer sur eux, et même les faire changer d'avis. Le modèle politique d'Aristote semble donc plus réaliste : c'est le modèle rhétorique.

Pour Aristote, la rhétorique est donc cruciale : c'est l'humain à l'œuvre dans la Cité. On comprend qu'il ait voulu en faire la théorie. Il a ainsi développé une vision des passions, de l'orateur, du discours et du raisonnement, qui intègre cette articulation du problématique dans les rapports humains. Il ne l'a malheureusement pas fait à partir de la problématicité elle-même. Il est encore, en cela, l'élève de Platon. Le discours contradictoire n'est pas le signe d'un problème, d'une alternative parfaitement légitime, qui se situe en deçà des réponses qui résolvent, mais c'est la preuve d'une déficience à abolir. Il n'y a pas, pour lui, des réponses qui disent les questions et des réponses qui expriment ce qui les résout, car il n'y a qu'un seul type de réponses. Ce qui fait que l'affrontement des points de vue tient plus à l'ignorance et aux défauts des hommes qu'à quelque chose de naturel et d'inévitable. Pourtant, si les hommes s'affrontent, discutent, c'est parce qu'ils sont différents, malgré ce qui fait leur identité et qui nourrit bien des réponses communes, qu'ils partagent souvent comme des évidences. La nature humaine s'enracine dans la problématicité de l'Histoire, et il est inéluctable que les hommes aient des envies et des passions qui diffèrent, voire, à certains moments, qui les opposent. Mais parfois, ils ne font qu'exprimer des différences, sans débat, sans confrontation, ce ne sont que des points de vue qu'on échange et cela encore fait partie de la rhétorique. Leur démarche relève plus du plaisir et du déplaisir, de l'approbation et de la désapprobation de ce qui est ainsi proposé par autrui.

Comment faire place à tous ces éléments dans une conception d'ensemble, fondée sur le triptyque de l'orateur, de l'auditoire, et du discours qui les relie selon des modalités multiples ? L'orateur doit exemplifier les vertus qui plaisent, qui convainquent, qui emportent l'adhésion de l'autre, comme la bienveillance, la prudence, le courage, etc. Ce sont des attributs qui soulignent le souci qu'il a de l'autre, et comme c'est précisément à un autre que l'orateur s'adresse, cela ne peut que plaire et convaincre. Invoquer la bienveillance ou le courage est d'ailleurs en soi une source de bons arguments. Le discours, lui, met en œuvre ces arguments, mais il y a des techniques spécifiques pour y arriver. Elles reposent sur la similitude et

l'analogie, d'où le rôle essentiel que joue l'exemple en rhétorique. César a demandé une garde personnelle dont il s'est
servi pour prendre le pouvoir. Napoléon veut maintenant lui
aussi qu'on lui accorde le même privilège. On est donc en droit
de se poser la question de savoir si cette garde ne va pas à son
tour être utilisée pour s'emparer de l'Etat. De là, on en tire une
loi générale qui veut que les généraux qui s'efforcent de
soustraire une partie de leur armée à la défense du territoire,
pour les servir eux, sont potentiellement des dictateurs. Avec
ce genre de considérations, on peut tirer des syllogismes, c'est-
à-dire des inférences déductives où, cette fois, on ne part pas
d'un ou de plusieurs cas particuliers, mais de la loi générale
elle-même qui, sans être certaine, repose malgré tout sur
une vraisemblance observée. C'est une affaire de probabilité.
Socrate a le visage rouge et chaud, donc (on en infère) qu'il a
de la fièvre. Chaque fois qu'on observe une telle situation,
c'est signe de fièvre ; or, on l'observe chez Socrate, donc il est
malade. Certes, l'association supposée du visage rougi et de
la fièvre est problématique, vu que l'alcool et le soleil ont le
même effet ; donc, là encore, l'enthymème (ou raisonnement
argumentatif) ne livre que des probabilités. C'est sans doute la
raison pour ne pas spécifier la prémisse générale : elle est de
toute évidence sujette à caution. On la passe sous silence. Il ne
reste donc, en rhétorique, que le particulier, vu que l'universel
est refoulé dans l'implicite parce qu'ambivalent. On parle de
Socrate, de César, de ceci, de cela, mais on évite de s'encom-
brer de vérités générales souvent pompeuses et moralisatrices.

Les vertus de l'orateur sont convaincantes pour tout le
monde : c'est le Soi qui s'y défend et s'affirme. On comprend,
dès lors, que la santé soit un argument pour tous, comme l'intérêt ou la justice. Car le Soi s'articule socialement aussi bien
qu'individuellement et invoquer le juste est aussi pertinent que
jouer sur l'intérêt matériel ou la préservation de la santé.

Quand l'orateur joue non plus sur le soi, corporel ou moral, mais sur le rapport à l'autre dont nous sommes tous investis, l'amitié, la bienveillance, le courage, bref, tout ce qui permet de bien vivre ensemble, s'imposent comme des arguments pertinents. Encore doit-on pouvoir hiérarchiser ces vertus, ce qui explique le rôle essentiel de la notion de préférable, dont l'argumentation par le plus et le moins, l'amplification et la minimisation, est le pilier.

Tout ce qui ne respecte pas cette intégration de l'autre dans son argumentation devient un argument opposable : le plaisir, le mal, l'indifférence, le mépris, l'intérêt purement person-nel, l'intention malveillante, etc. Parfois, la rhétorique sert à justifier et à masquer de tels mobiles, comme elle permet, a contrario, de les démasquer. Pour résumer, un orateur inspire confiance s'il manifeste de la prudence à l'égard des intérêts du monde, de la bienveillance à l'égard d'autrui et de la vertu dans sa propre vie, ce qui la rend exemplaire.

Négocier les différences suppose que l'autre est différent : est-il un égal ou non ? S'il ne l'est pas, est-il un inférieur ou un supérieur ? C'est sa propre situation par rapport à l'orateur qui régit son comportement à son égard. Toutes ses « passions », le *pathos* si l'on préfère, expriment sa position différentielle. Ainsi, l'amour et l'amitié supposent l'égalité, c'est-à-dire la réciprocité. On imagine mal être l'ami de son ennemi et aimer quelqu'un qui ne cherche qu'à nous nuire. Autre exemple : la honte suppose que l'autre est en droit de vous juger, ce qui lui confère une certaine supériorité. L'impudence, c'est le contraire : on *est* supérieur à l'autre, dont le jugement nous est indifférent. C'est bien connu : la Princesse se baigne nue devant ses serviteurs. Le mépris est aussi une attitude de supé-riorité. La pitié également, alors que la bienveillance suppose l'égalité. Bref, la différence sociale est ce qui s'exprime dans la passion d'Aristote, parce que l'auditoire se définit par la distance et que c'est celle-ci qui s'exprime par la rhétorique. La passion est alors source d'arguments, car un homme en colère ne se « négocie » pas de la même façon qu'un homme envieux ou amoureux. Essayez de convaincre un amoureux de se méfier de celle qu'il aime, de la voir comme *vous*, et d'autres, la voyez! C'est impossible sans heurt. Plus l'interlocuteur est pris dans et par une passion, et plus le convaincre sera problématique pour l'orateur.

Aristote croit néanmoins à la force du discours, et plus particulièrement des arguments. La raison, pour lui, peut l'emporter sur la passion. En fin de compte, il est un rationaliste. Les Romains furent moins naïfs. Ils se positionnent d'entrée de jeu par rapport au conflit, et par conséquent, au droit. C'est une rhétorique de la plaidoirie, et la dimension essentielle de leur rhétorique est moins le discours logico-argumentatif, le *logos*, que l'*ethos*. L'orateur qui plaide, qui capte l'attention, qui fait preuve des « bonnes » vertus, est devenu déterminant par rapport au reste des autres éléments de la relation rhétorique.

La base de la rhétorique reste bien évidemment le fait qu'il y a une *cause* qui se trouve en jeu au départ de la relation intersubjective. Qu'entend-on par « cause »? Défendre une cause, mettre en cause : autant d'expressions qui sont des évocations de ce que les Romains entendaient par le mot *causa*. C'est ce qui fait question. L'état de cause est spécifié par certains types de questions qui précisent ce qui est problématique dans cette cause. Les questions possibles sont au nombre de trois : il y a la *question conjecturale*, la *question légale* et la *question judiciaire*. La première porte sur le fait : s'est-il produit ou non? La seconde porte sur la qualification du fait : un homme qui tue un autre peut le faire en état de légitime défense, et il sera acquitté, ou au contraire, l'assassiner pour de sordides raisons, et il est normal qu'il soit condamné. Ce qui caractérise le fait est toujours problématique et reflète une valeur positive ou négative selon qu'on l'approuve ou le rejette. Un père qui néglige ses enfants pour gagner le pain quotidien de la famille peut ainsi être vu comme un père indifférent et centré sur soi, ou au contraire, comme soucieux du bien-être de ses enfants. Un homme obstiné peut être vu comme têtu et borné, ou à l'inverse, comme mû par une volonté de fer, ce qui est positif, alors que l'entêtement ne l'est pas, mais on a affaire au même fait. Quant à la troisième question, elle porte précisément sur le juste : une fois qu'on a admis que le père en question est insouciant, ou que cet homme a agi par légitime défense, on doit s'interroger sur le fait de savoir si c'est bien juste, ou simplement conforme au droit, en tout cas, se demander si on approuve. Et c'est ainsi que les penseurs romains retrouvent les trois grands genres rhétoriques : la factualité de l'*ethos* (« Brutus a-t-il tué ou non César ? »), propre au genre juridique, la qualification des faits, qui relève de la description épidictique, du *logos* (« Brutus a-t-il assassiné César ou a-t-il libéré Rome d'un tyran ? »), et enfin l'évaluation par l'auditoire qui rejette ou accepte que la dénomination soit corrélée à des valeurs positives ou négatives avec lesquelles il peut se forger un avis net, c'est-à-dire *délibérer*. La rhétorique latine va donc s'efforcer de réfléchir sur les moyens de repousser l'accusation ou de la forcer, analysant ces trois niveaux d'institution rhétorique, d'institution *de* la rhétorique. Comme on peut le voir, le droit avale l'institution rhétorique chez les Romains. Mais l'évolution est intéressante, car précisément à cause de cela, ils n'ont pu faire l'économie d'une réélaboration de l'ensemble de ce qu'ils appelèrent l'institution rhétorique.

Quand on argumente à propos d'une question, le cadre de l'argumentation est fixé par celle-ci. Pour Aristote, on l'expose d'abord (c'est la *prothesis*) et puis on la démontre (*pistis*) [1]. Aristote récuse toute division autre du champ rhétorique, et il se serait sans doute opposé à la découpe proposée par la rhétorique latine qui voyait cinq étapes dans la démarche rhétorique. Quelles sont ces cinq moments? L'*invention*, la *disposition*, l'*élocution*, la *mémoire* et l'*action* oratoire. L'invention consiste à trouver les bons arguments, la disposition, à les arranger et à raconter les faits, l'élocution, à le faire avec style, la mémoire et l'action, à se re-souvenir de tout et à le dire. La disposition est le moment-clé car c'est là qu'il faut emporter la conviction. La disposition se décompose à son tour. Il y a l'*exorde*, pour capter l'auditoire, la *narration* proprement dite, où l'on expose les faits, ensuite la *division* en arguments favorables et défavorables à la thèse de l'orateur, puis viennent la *confirmation* de ce que l'on défend et la *réfutation* de ce que l'on rejette, le tout s'achevant dans la *péroraison* où l'on conclut en touchant les cœurs. Pour Aristote, tous ces moments se mêlent, car dès qu'on expose les faits, on prend parti, on touche les cœurs, on veille à ne pas perdre son auditoire. C'est pour cette raison qu'il simplifie : il y a l'exposé de la question, où *exorde* et *narration* se mélangent, et *démonstration*, où l'on plaide et tranche. Ce qui commande les différences de style dans l'exposé et la narration, ce sont bien sûr les genres rhétoriques eux-mêmes. On n'argumente pas dans une relation épidictique, par exemple lorsqu'on fait l'éloge funèbre de quelqu'un. Une réfutation non plus n'aurait guère de sens dans ce cas-là. Quant à l'invention, elle semble antérieure à la disposition, comme une intention implicite l'est par rapport à l'explicite, alors que pour Cicéron, l'invention s'identifie à la disposition, donc à la rhétorique même avec ses découpes, de l'exorde à la conclusion.

1. *Rhétorique*, 1417 a.

Pour Aristote, l'exorde est bien une étape première, l'invention ne lui préexiste pas, elle s'y joue. On doit toujours commencer par capter l'auditoire, et veiller à retenir ou à éveiller son attention pour qu'il ne « décroche » pas. Mais pour lui, cela fait partie de l'exposé de la question, et il y a autant d'exordes que de questions rhétoriques, de problèmes à traiter par la rhétorique. C'est ainsi qu'il y a des exordes au théâtre, avec ses préambules, et cela vaut bien d'autres formes de commencements et d'adresses, plus polémiques sans doute.

L'ambition et le point de vue de la rhétorique latine sont autres. Le poids n'est pas tant sur *ce qui* (objectivement, référentiellement) fait question que sur le fait que *quelqu'un* est amené à questionner et à répondre. L'accent est mis sur l'orateur. Donc sur le fait qu'il y a une question soulevée, pour laquelle il doit trouver *la* réponse (*inventio*), puis en organiser les éléments (*dispositio*), procéder ensuite à l'explicitation du discours, d'où le rôle du style ; vient ensuite l'action oratoire proprement dite.

Mais ce qui est crucial est la *dispositio*, car c'est là qu'on se livre à la narration des faits (genre judiciaire), certes précédée d'un *exorde* et suivie de l'argumentation proprement dite. La *péroraison* vient conclure le tout. En réalité, la justification de ce découpage interne à la *dispositio* tient au fait que l'on retrouve à l'œuvre l'*ethos*, le *logos* et le *pathos* qui en sont comme les clés de voûte. Dans l'exorde, on doit veiller à intéresser l'auditoire à la question soulevée. Pour y parvenir, l'orateur doit trouver (*inventio*) les moyens d'y parvenir. Pour Aristote, ces moyens se ramènent à quatre : on puise dans le rapport à l'orateur, que l'on met en cause ou que l'on soutient ; dans le rapport à l'auditoire, que l'on émeut en suscitant sa sympathie, et cela inclut l'humour ou la colère indignée ; dans le rapport à la question même, qui doit être importante, personnelle, faire plaisir ou être étonnante ; dans le rapport à l'adversaire, mais c'est le symétrique du rapport à l'orateur. L'exorde contient en lui-même, dès l'exposé de la question, différents rapports à l'*ethos*, au *logos* et au *pathos*, et point n'est besoin de scinder à nouveau ces trois éléments par après dans l'argumentation résolutoire proprement dite, qui peut être ainsi complètement objectivée, logiquement si l'on peut dire, grâce à des exemples et à des enthymèmes. Il y a certes une interrogation sur les faits qui relève de la mise en cause indirecte et une péroraison finale dans le moment de la preuve. Mais elles font partie de celui-ci. Là encore, on joue sur quatre éléments possibles, qui sont en fait trois, puisque l'adversaire est un orateur affecté du signe moins. Il ne reste alors que l'*ethos*, le *pathos* et le *logos*. D'où la péroraison, ou épilogue, qui exprime en termes de réponses ce que l'exorde accomplissait pour les questions : « bien disposer l'auditeur en sa faveur et l'indisposer contre l'adversaire ; mettre en œuvre les passions de l'auditeur, rappeler les faits » [1]. Bref, on joue sur l'identité et la différence, l'identité avec l'autre, la différence avec des valeurs adverses pour l'*ethos*, les faits pour le *logos* et les passions pour le *pathos*. « Ces passions sont la pitié et la terreur, la colère, la haine, l'envie, l'émulation et la dispute » [2], c'est-à-dire le sens de l'interrogation critique. Toutes ces passions, notons-le, expriment la différence intersubjective. En réalité, l'exorde est lieu de l'*ethos*, donc c'est l'ensemble des lieux (*topoi*) ou arguments que fournit la dimension de l'*ethos*, le caractère de l'orateur, mais aussi l'intérêt de la question qu'il traite par rapport aux passions et aux valeurs de l'auditoire. S'il y a un interlocuteur-adversaire et que l'auditoire tient lieu de juge, on a un *pathos* effectif et un *pathos* projectif distincts, lequel fonctionne comme auditoire

---

1. *Rhétorique*, 1419b.
2. *Ibid.*

universel. C'est d'ailleurs là son origine. La narration est le lieu du *logos*, tandis que l'épilogue vise à émouvoir. C'est donc le lieu du *pathos*. Dans la narration, on a les faits, ce qui s'interprète de la façon suivante : elle doit traiter, comme résolues ou non, un ensemble de réponses aux questions catégorielles *qui*, *quoi*, *comment*, *où*, *quand*, qui spécifient *de quoi* il est *question*. La division envisage ensuite le pour et le contre, que la confirmation et la réfutation vont appuyer pour qu'on puisse prendre parti. On retrouve là l'ancêtre du célèbre modèle de S. Toulmin[1].

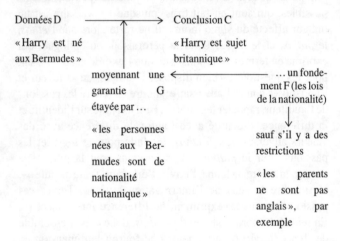

La grande différence entre l'approche d'Aristote et celle des rhétoriciens romains, ce n'est pas tant le rapport au problématique, qui est le même puisqu'il y a rhétorique, que la façon de l'envisager. Pour Aristote, la relation rhétorique n'est pas un *donné* social, communautaire ou politique défini *a priori*.

1. *Les usages de l'argumentation*, 1958, trad. fr. Ph. de Brabanter, Paris, PUF, 1993.

Pour qu'elle naisse, il faut sensibiliser l'autre, qui est l'auditoire, à la question traitée, le problématiser en quelque sorte. Pour les Latins, la perspective est tout différente. L'homme est par principe impliqué dans une communauté, où sa différence (son honneur) est en jeu et doit s'affirmer. Il est plongé dans le rhétorique, avec certaines problématiques à défendre, il n'a donc pas à faire naître une réalité qui existe déjà et imprègne sa vie communautaire et politique. La compétition pour les honneurs, les rivalités, les défenses et les attaques, font partie de sa vie de tous les jours. Du même coup, ce qu'il dit est toujours situé par rapport aux intérêts les plus larges de son environnement, ce qui l'oblige à négocier les siens propres avec les autres. La problématicité l'affecte d'une manière ou d'une autre, selon le degré plus ou moins élevé de problématicité de ce qui est en cause. Ce dont il est question est par conséquent hiérarchisé de façon immédiate par la valeur de l'enjeu pour la communauté, l'auditoire, le *pathos*. Point n'est besoin chez les Romains de problématiser un auditoire qui devrait découvrir qu'il y a problème. C'est le type de cause qui est à débattre qui porte ici le poids des différences.

Pour les Grecs, et Aristote en particulier, le problème, en rhétorique, est de capter l'attention des concitoyens qui ne s'intéressent pas forcément à la question. On est dans une société d'hommes libres, une démocratie. Ce n'est pas qu'il n'y ait pas de questions qui divisent les hommes, c'est simplement que les interlocuteurs ont nombre d'autres problèmes en tête, et s'ils partagent les mêmes, la passion est alors d'autant plus forte que ces problèmes les divisent davantage. Ce sont des égaux.

Pour les Romains, la situation est différente. La société est aristocratique et plus tard, impériale, mais toujours fortement hiérarchisée. Les individus évoluent dans un cadre plus rigide, et le *cursus honorum* de ceux qui aspirent à des charges est strictement règlementé. Donc, la prise de parole également. Tout est plus procédurier, plus « juridique » qu'en Grèce. Les questions sont définies *a priori*, et les étapes résolutoires sont clairement codifiées, subdivisées, classifiées. Capter l'attention de l'autre devient une exigence interne au type de questions qui se posent, à la cause, à l'état de cause qui en définit l'aspect problématologique. Ce qui pose alors question, dans cette société où tout hiérarchisé et classé, c'est la capacité de l'orateur à être à la hauteur de la cause, de ce qu'il faut faire et être. D'où le poids qui est mis sur l'*ethos*. En fait, en Grèce, l'idéal démocratique postule que les Autres sont comme soi, donc que la différence n'est plus que psychologique. C'est ce qui explique qu'Aristote nous offre une théorie des passions au Livre II de sa *Rhétorique*. Chez les Latins, la différence est sociale et politique, donc c'est cela qui pose problème et non les questions en tant que telles, dont c'est l'affaire du *logos* chez les Grecs. Chez les Latins, le problème est la différence, donc le rapport *ethos-pathos*. Chez les Grecs, on est entre égaux, entre hommes libres, et la rhétorique met davantage l'accent sur ce qui les différencie, qui est une question, et la passionnalité avec laquelle elle est perçue. Le *logos* compte bien plus dans la rhétorique d'Aristote, parce que *ce dont* il est question doit être analysé en tant que *logos*, selon sa logique propre, dans ses enchaînements matériels et formels, l'intersubjectivité étant moins centrée sur les différences de statut que sur le défi à résoudre la question qui traduit cette différence provisoire. C'est une rhétorique plus résolutoire de par le *logos* même, alors que chez les Romains, ce sont les différences de l'orateur, de l'*ethos* et de son auditoire qu'il incombe à l'orateur de vaincre ou de maîtriser.

    Grec ou romain, le plaidoyer rhétorique commence par l'exorde. Il s'agit de faire entrer l'Autre dans la relation. Il faut montrer qu'il y a question, et qu'elle le concerne en captant son attention et sa sympathie. Comment opérer cette captation? L'exposé de la question doit s'appuyer sur un exorde préalable, où l'orateur s'alimente soit à ses propres vertus, soit à celles de l'interlocuteur, soit à l'affaire elle-même. Cela crée le lien. *Ethos, pathos, logos* en somme. Pour les Latins, ce triptyque est immanent au rapport à la communauté, qui est immédiat. Il le constitue *a priori*. Il y a des causes dont l'intérêt pour la communauté, le *pathos*, est essentiel, et d'autres qui présentent un intérêt plus faible, voire inessentiel. Il n'est pas besoin d'éveiller l'auditoire aux problèmes qu'il faudra affronter par la rhétorique. Il les connaît. On peut donc passer plus vite à la résolution, comme on peut jouer d'entrée de jeu par le raisonnement sur l'immersion, les valeurs, celles bafouées ou à défendre. Si on a quatre cas possibles, cela tient à ce que, si l'on défend (+) une cause honorable (+) pour la communauté, le *pathos*, on est dans le positif absolu (++); si on attaque (-) une cause honorable (+), on a une mauvaise cause. Si la cause est mauvaise (-) et bonne (+), on est dans l'alternative pure du douteux (-+); et si ce n'est ni l'un ni l'autre, on est dans la situation de l'insignifiance (--) qui laisse la question, donc la réponse, indifférente. Dans cette gradation, qu'observe-t-on? Une problématicité très forte si on s'attaque à ce qui est une évidence pour la communauté (++), et qui diminue si on en défend une mauvaise (l'erreur ou l'errance pose moins problème), et qui diminue encore avec l'indétermination de la réponse, et qui diminue encore si la question elle-même ne présente aucun intérêt. Du moins est-ce ainsi que raisonne l'auteur de la *Rhétorique à Herennius*, mais pas Cicéron[1] qui, lui, voit plutôt cinq genres de cause. L'honorable, certes, fonctionne comme une évidence : l'attaquer est

---

1. *De l'invention*, I, 20.

quasi impossible, c'est trop problématique. Mais défendre une cause dite mauvaise est difficile également, c'est donc admirable. Le stupéfiant est le deuxième genre de cause. C'est problématique, donc, c'est étonnant. Après, en ordre décroissant toujours, on a l'insignifiant, le douteux et l'obscur : la question dont la réponse n'a pas d'importance, celle qui demeure telle quelle, et finalement celle que l'on ne saisit même pas. L'obscur est donc détaché, par Cicéron, de l'insignifiance.

Ce qui, évidemment, nous interpelle nous, aujourd'hui, c'est le lien entre l'honorable et le mauvais (ou le stupéfiant), la cause que personne ne conteste et celle que tout le monde conteste. Attaquer la première est-il signe de plus grande problématicité que défendre la seconde ? Pour répondre à ce qui semble une question insoluble, il faut bien voir que, pour les Romains, la cause juste et bonne pour le *pathos*, comme pour l'*ethos*, n'est attaquable que sous l'effet d'une grande problématicité, vu sa solidité au regard de tous. Si on l'attaque, c'est donc que c'est malgré tout possible. Même si c'est hautement risqué, voire absurde. Par contre, défendre une cause mauvaise, c'est plus courant, moins problématique, car l'intérêt des gens est souvent inscrit dans une confusion de ce qui est privé et de ce qui se justifie au nom de l'intérêt de tous. L'intérêt général se trouve moins compromis dans la mesure où les autres démasquent la confusion, et Cicéron a raison de dire que défendre ce genre de causes est stupéfiant, et qu'y réussir l'est également, car les autres se laissent rarement prendre au piège.

La rhétorique romaine travaille donc dans une plus grande évidence du rhétorique. Ceci autorise un recours plus massif à la dimension humaine et met moins l'accent sur l'argumentation objective et ses raisonnements syllogistiques, tels qu'ils ont été mis en lumière par Aristote. Si l'exorde consiste, dans les deux cas, le grec et le romain, à mettre en avant l'orateur, l'auditoire et ce qui relève de la question même, on peut néanmoins préférer argumenter (cxorde direct) ou procéder indirectement, en agissant de façon détournée (exorde indirect), pour mieux anesthésier la critique éventuelle, si la cause est difficile. La narration qui s'ensuit peut être plus ou moins factuelle ou personnelle, en portant sur les actions et les êtres, comme elle peut être plus agressive ou, au contraire, plus neutre et arrondie. Dans le factuel, on peut raconter des histoires, des récits, des fictions pour illustrer le problème de façon intéressante. Le but est toujours de présenter les choses de façon agréable. On sent que le style et le genre épidictique vont prendre le pas pour caractériser désormais la rhétorique.

Quant à l'argumentation proprement dite, elle repose sur l'état de cause qui signale ce qui est en question précisément quand on est « pour » ou « contre », quitte à opérer une *translatio*, un transfert de responsabilité sur un autre, dans une parfaite démarche *ad hominem*. La base de l'argumentation latine repose sur l'identité et la différence, la similitude, le rapprochement ou l'opposition (jusqu'à la contradiction). C'est pour cette raison que la *Rhétorique à Herennius* parle d'indice, de conséquences, de démonstration, de preuve démonstrative (*adprobatio*) où l'on évalue ce qui compte comme étant probant. Bref, ici encore, on passe du plus problématique au moins problématique.

Au fond, le propre de cette rhétorique ancienne est un sens aigu de la problématicité, que même Aristote a su cultiver malgré l'influence persistante de son maître Platon. Avec la rhétorique romaine, on est au cœur d'une rhétorique où l'honneur, la vertu civique et sociale, comptent énormément. C'est le règne de l'*ethos* et de son envers, le juge. Il n'empêche que le virage vers l'épidictique est pris. La rhétorique sera de plus en plus identifiable au discours plaisant et bien tourné, du poète au courtisan.

TEXTE 2

Chaïm PERELMAN
L'Empire rhétorique. Rhétorique et argumentation,
chapitre VI, « Les techniques argumentatives »[1]

Dans son élaboration la plus complète, l'argumentation forme un discours où les points d'accord sur lesquels l'on s'appuie aussi bien que les arguments avancés peuvent s'adresser, simultanément ou successivement, à des auditoires divers. Non seulement ces arguments ne manquent pas d'interagir les uns avec les autres, mais les auditeurs peuvent, en outre, prendre ces arguments eux-mêmes, et le rapport de ceux-ci à l'orateur, comme objet d'une nouvelle argumentation.

Il y aura donc lieu d'analyser le discours dans son ensemble, surtout quand on traite de l'ampleur de l'argumentation, ainsi que de l'ordre des arguments. Mais avant de passer à cette étude synthétique, nous analyserons les différents types d'arguments dans leur spécificité.

1. Paris, Vrin, 1997.

Les arguments se présentent tantôt sous forme d'une *liaison*, qui permet de transférer sur la conclusion l'adhésion accordée aux prémisses, tantôt sous forme d'une *dissociation*, qui vise à séparer des éléments, que le langage, ou une tradition reconnue, ont auparavant liés l'un à l'autre.

Le fait qu'il s'agit d'une liaison entre éléments séparés, ou d'une unité déjà donnée, sera déterminé par les expressions utilisées par l'orateur. Ceci ne signifie pas que ce dernier ne puisse pas hésiter sur la manière d'organiser ces éléments. C'est ainsi que Bossuet avait pensé d'abord décrire la fin malheureuse du pécheur, comme une conséquence de sa mauvaise vie, puis, à la réflexion, il conçut la vie et la mort comme constituant une unité indéniable : « La mort n'a pas un être distinct qui la sépare de la vie, mais elle n'est autre chose sinon une vie qui s'achève »[1].

Nous examinerons, dans les chapitres suivants, trois types de liaisons, les arguments quasi logiques, les arguments fondés sur la structure du réel et ceux qui fondent cette structure.

Les arguments quasi logiques sont ceux que l'on comprend en les rapprochant de la pensée formelle, de nature logique ou mathématique. Mais un argument quasi logique diffère d'une déduction formelle par le fait qu'il présuppose toujours une adhésion à des thèses de nature non formelle, qui seules permettent l'application de l'argument.

Prenons l'argument par division où l'on tire une conclusion sur le tout après avoir raisonné sur chacune des parties. C'est ainsi qu'on cherche à montrer que l'accusé,

---

1. Bossuet. *Sermons*, t. II, *Sur l'impénitence finale*, Paris, GF-Flammarion, p. 222, cf. T.A., p. 256-257.

n'ayant agi ni par jalousie, ni par haine, ni par cupidité, n'a aucun motif de tuer.

Ce raisonnement rappelle la division d'une surface en parties : ce qui ne se trouve dans aucune des parties ne se trouve pas non plus dans l'espace subdivisé.

Mais il faut, pour que l'argument porte, que l'énumération des parties ait été exhaustive, comme le remarque Quintilien :

> ... si dans les points énumérés, nous omettons une seule hypothèse, tout l'édifice s'écroule et nous prêtons à rire [1].

Cet argument nécessite une structure, pour ainsi dire, spatialisée du réel, dont seraient exclus les chevauchements, les interactions, la fluidité, qui caractérisent les situations concrètes. Pour utiliser ce type d'arguments il faut nécessairement réduire la réalité à un schéma, de type logique ou mathématique, sur lequel on raisonne, tout en transposant néanmoins la conclusion sur la réalité concrète.

Les arguments fondés sur la structure du réel se basent sur les liaisons qui existent entre des éléments du réel.

La croyance en l'existence de telles structures objectives peut porter sur des réalités variées ; des rapports de causalité, des essences dont certains phénomènes ne seraient que la manifestation ; ce qui importe, c'est l'existence d'accords à leur propos, que l'on ne met pas en cause, et à partir desquels l'orateur développera son argumentation.

Voici la manière dont Bossuet tire parti d'une structure du réel, conforme à la tradition chrétienne, et sur laquelle il attire l'attention des fidèles, en vue d'accroître le respect dû à la parole des prédicateurs :

---

1. Quintilien, *Institution oratoire*, t. II, I, V, chap. X, § 67, cf. T.A., p. 316.

> Le temple de Dieu, chrétiens, a deux places augustes et véné-
> rables, je veux dire l'autel et la chaire… Il y a une très étroite
> alliance entre ces deux places sacrées, et les œuvres qui s'y
> accomplissent ont un rapport admirable. C'est à cause de
> ce rapport admirable entre l'autel et la chaire que quelques
> docteurs anciens n'ont pas craint de prêcher aux fidèles qu'ils
> doivent approcher de l'un et de l'autre avec une vénération
> semblable… Celui-là n'est pas moins coupable qui écoute
> négligemment la sainte parole que celui qui laisse tomber par sa
> faute le corps même du Fils de Dieu [1].

Grâce à la solidarité ainsi établie entre l'autel et la chaire, il pourra demander aux fidèles de témoigner le même respect à la chaire qu'à l'autel, la solidarité existant entre eux favorisant ce transfert d'attitude.

Les arguments qui fondent la structure du réel sont ceux qui, à partir d'un cas particulier connu, permettent d'établir un précédent, un modèle ou une règle générale, tels les raisonnements par le modèle ou l'exemple.

C'est dans cette même catégorie que nous examinerons les divers types d'arguments par analogie qui servent tantôt à structurer une réalité inconnue, tantôt à prendre position à son égard. L'usage des métaphores sera examiné non dans la perspective de la poétique, mais dans celle de la rhétorique, montrant dans quelle mesure il oriente la pensée.

La technique argumentative qui a recours aux *dissociations* n'a guère attiré l'attention des théoriciens de la rhétorique ancienne. Elle est pourtant fondamentale dans toute réflexion qui, cherchant à résoudre une difficulté que lui pose la pensée commune, se voit obligée de dissocier les uns des autres des éléments du réel pour aboutir à une nouvelle orga-

---

1. Bossuet, *Sermons*, t. II, *Sur la parole de Dieu*, p. 143-145, cf. T.A., p. 351-352.

nisation du donné. En dissociant, parmi les éléments qualifiés de la même façon, le réel de l'apparent, on est sur la voie de l'élaboration d'un réel philosophique opposé au réel du sens commun [1].

C'est parce que les dissociations sont centrales dans toute pensée philosophique originale, que les couples créés par cette technique seront appelés des couples philosophiques, opposés aux couples antithétiques tels que le bien et le mal, et aux couples classificatoires tels que « animaux-végétaux » ou « nord-sud ».

---

1. Ch. Perelman, *Le réel commun et le réel philosophique*, dans *Le champ de l'argumentation*, p. 253-264.

COMMENTAIRE

LA NOUVELLE RHÉTORIQUE

Que se passe-t-il en rhétorique deux mille ans après Platon, Aristote, Cicéron et Quintilien? Que s'est-il passé entre-temps? L'*ethos*, le *pathos* et le *logos* se sont dissociés. Du même coup, la rhétorique a éclaté. L'*ethos* a donné naissance à l'éthique, le *pathos* à une théorie de la réceptivité et de la sensibilité, et le *logos* à une logique et à une grammaire où l'*inventio* latine a trouvé sa pleine réalisation. Le *logos* de la rhétorique s'est considérablement appauvri, au point que la rhétorique s'est vue réduite à une théorie des figures de style et l'argumentation, au «discours de la méthode», cher aux mathématiques. Rhétorique et argumentation n'ont plus rien à voir, car celle-ci s'est résorbée dans la théorie logique de la justification. Il a fallu attendre Perelman pour que renaisse l'antique théorie de l'argumentation, en tout cas la possibilité d'en faire de nouveau. Car la logique n'est pas le seul mode de raisonnement et la rationalité ne se réduit pas à la démonstration. Il y a nombre d'arguments dont la valeur n'est pas démonstrative mais qui emportent cependant la conviction.

L'argumentation est le discours même de la philosophie, mais aussi du droit et de la vie quotidienne. Perelman réintroduit la tridimensionnalité de l'*ethos*, du *pathos* et du *logos*, en subordonnant les deux premières composantes à la troisième, au nom de la rationalité du champ de l'argumentation. C'est ainsi qu'il introduit l'idée d'un *auditoire universel*, qui est le *pathos* soumis à la raison même, un *pathos* rationnel en somme, ou plutôt, *raisonnable*, c'est-à-dire accessible à des arguments destinés à le raisonner.

L'idée centrale, chez Perelman, est le fait qu'il y ait association et dissociation des notions. On oppose ou l'on identifie les idées entre elles, parce que certaines sont considérées positivement, tandis que d'autres tiennent lieu de repoussoir. Agir rhétoriquement consiste à identifier autant que faire se peut l'idée que l'on défend à celles auxquelles l'auditoire adhère déjà, ou au contraire, à s'opposer à celles qu'il rejette, en montrant que ce qu'on lui propose va dans l'autre sens. Ce qui est présupposé est évidemment que l'identité aux valeurs de l'autre et la mise en cause de celles qu'il repousse vont nécessairement le convaincre. Autrement dit, la rhétorique est une négociation de la différence entre individus, et cette différence est l'objet même, direct ou indirect, de cette négociation. L'association et la dissociation recouvrent ce jeu d'identité et de différence dont nous avons fait le cœur de *notre* définition de la rhétorique, alors que Perelman se cantonne aux techniques d'adhésion.

Associer et dissocier les concepts consistent bien souvent à nier des identités qui pourraient choquer. On dira, par exemple, que transformer l'entreprise publique *x* en société à capital privé va *aider* les travailleurs, mais c'est pour mieux les convaincre qu'il est dans leur intérêt d'adhérer à cette mesure. Le mot *aider* associe l'action poursuivie à une idée positive, car le ministre de l'économie veut que l'entreprise puisse mieux prospérer ce faisant. Les opposants, eux, vont dissocier l'action du gouvernement de l'idée d'aide et préférer parler d'une mesure qui *attente* à terme au statut de l'entreprise. On dissocie ainsi l'action de tout ce qui pourrait la connoter positivement. On renforce la distance entre le ministre et les salariés, en l'associant plutôt à la direction qui veut rationaliser. Bref, l'association et la dissociation interprètent les faits en choisissant les mots qui les qualifient, mots qui sont affectés d'un signe moins ou d'un signe plus en termes de valeurs. Il est donc très important d'opérer dès le départ sur les faits pertinents et les valeurs pertinentes, car les concepts sont, en rhétorique, les ponts entre les uns et les autres. Ils qualifient les faits d'une certaine façon, et ce faisant, ils les positionnent dans une échelle de valeurs implicites, que l'auditoire a vite fait de traduire. C'est l'homme têtu versus l'homme déterminé : l'un est vu (négativement) comme borné, l'autre, comme ne perdant jamais de vue le cap à tenir (ce qui est positif). Et pourtant, de fait, rien ne les sépare, puisque c'est un trait de caractère identique, mais que l'on qualifie différemment, pour discréditer ou au contraire approuver.

L'association des notions ne se fait pas, comme le pensaient les Latins, avec seulement l'identité et la différence, nourries, il est vrai, par une problématicité échelonnée, de l'indice à la preuve. Perelman pense autrement. Pour lui, la démarche de liaison des notions suppose une relation de transfert de persuasion au travers de procédés relativement simples, formels ou non. Les *arguments quasi logiques* sont les plus évidents. En quoi consistent-ils ? Ce sont tous les arguments qui reposent sur la forme : l'identité, la contradiction, la similitude, etc. On les appelle quasi logiques, parce que la forme sert de justification pour une question de fait qui, ainsi, ne dit pas directement son nom.

L'exemple classique de Perelman, c'est le « un sou, c'est un sou ». Qui contesterait cette affirmation ? Elle rappelle que « A est A », mais elle dit le contraire. Un sou n'est pas qu'un sou, c'est déjà la richesse. Si une question ne se posait pas, on ne proférerait pas une telle évidence et si elle se pose, c'est pour dire autre chose que cette évidence. Comme il n'y a que deux réponses possibles, il ne reste que l'autre terme de l'alternative. Donc, ce sou est important. Autre exemple : « Bush est bien le fils de Bush ». Personne ne niera cela, mais par là, on sous-entend là encore que certaines propriétés du père s'appliquent au fils, comme par exemple les liens étroits avec le capitalisme pétrolier. Cela pourrait être plus psycho-logique. L'indétermination ici pose question, en tout cas la réponse n'est pas forcément la négation du littéral, comme dans « un sou est un sou ». Ce que révèlent ces exemples est un mécanisme plus profond, que l'on retrouvera à l'œuvre dans les autres cas d'arguments quasi logiques que mentionne Perelman et qui forment une classification un peu trop arbi-traire à mon goût. Quel est ce mécanisme sous-jacent ? C'est le fait que si l'on profère de tels énoncés, qui relèvent de la tautologie, cela signifie qu'une question est à l'œuvre, ce qui renvoie à une autre réponse, la première s'imposant alors comme non littérale. « Un sou est un sou » veut dire autre chose que « A est A ». La question qui se pose est de savoir quelle est q_2 en l'occurrence. Bref, $r_1 \rightarrow q_1.q_2$. Si personne ne conteste un tel type d'affirmation, il faut bien qu'il y ait dans ce genre d'assertion une réponse r_2 qui se trouve enfouie dans q_2 soulevée par r_1. Comme r_1 est évidente, r_2 est présentée comme devant s'imposer avec la même force. Mais proférer des évidences soulève la question de savoir pourquoi on le fait, et c'est cette question qui est au cœur de l'argumentation et la définit en profondeur. Dire quelque chose implique une question, ce que semblent exclure les évidences du genre de celles de nos exemples. Que faut-il en conclure, sinon que ce ne sont pas de pures tautologies, mais de réelles réponses, contestables comme les autres, parce qu'une question sous-jacente y est implicitement posée comme résolue. C'est ce constat qui fait exploser la littéralité de telles phrases.

Perelman considère que les arguments quasi-logiques recouvrent : la transitivité (si A implique B, et que B implique C, alors A implique C), la réciprocité (*pathos*), l'argument du sacrifice (l'*ethos*), la contradictoirité, le rapport tout/partie, la comparaison et la mise en avant de probabilités. Dit comme cela, il est vrai que le catalogue ressemble à un lapin qu'on sort d'un chapeau. Il n'a rien d'exhaustif, et il ne semble même pas « raisonné ». Mais si l'on y regarde de près, on voit bien qu'on passe progressivement de l'identité à la différence. On les fait varier à partir du lien orateur-auditoire comme on l'applique aux notions mêmes. Le maximum de différence est la contradiction : en termes rhétoriques, intersubjectifs en l'occurrence, cela se traduit par l'opposition. Celle-ci peut jouer sur le ridicule, l'ironie, ou l'humour en général. L'identité, en termes rhétoriques, signifie « vous pensez comme moi », « ce que vous faites, je peux le faire » (réciprocité), « ce qui s'applique à vous s'applique à moi », et c'est bien sûr la base de la justice. Le tout est de savoir ce que l'on entend par êtres semblables, susceptibles de traitement identique (ce qui est la définition formelle de la justice, selon Perelman). Toute argumentation vise à transférer, à préserver l'identité malgré les différences. La comparaison a cet effet, mais aussi l'argumentation par division ou celle par transitivité. En quoi consistent ces deux types d'arguments quasi logiques ? Et d'abord, pourquoi parle-t-on de division ? Il s'agit d'une référence à la rhétorique latine. On divise les arguments selon le pour et le contre. On présente les problèmes, et on peut aller jusqu'au dilemme, genre *ou bien… ou bien…*, pour montrer qu'on est de toute façon engagé dans une mauvaise voie. La division joue sur le fait qu'on peut, ou ne peut pas, passer du tout à la partie, qu'il y a hétérogénéité ou au contraire, complète homogénéité du tout et de la partie. On dit souvent «Qui peut le plus, peut le moins», comme pour souligner la continuité d'une thèse et sa validité à des cas particuliers qui lui semblent étrangers. «Les hommes naissent libres et égaux, et cela vaut pour les immigrés aussi». Voilà un argument en faveur de l'égalité des droits de chacun au sein d'une nation. C'est un argument tout/partie; il vise à montrer l'identité des deux, pour inciter à agir en conséquence.

On peut aussi procéder de façon inverse et partir d'un élément d'un ensemble, pour généraliser l'argumentation à celui-ci, comme dans l'induction. C'est ce que Perelman appelle l'argument de transitivité, que les mathématiciens connaissent bien sous la forme «si A implique B, et que B implique C, alors A implique C». En argumentation, cela se passe comme suit : on transfère la validité de la réponse initiale à d'autres questions qui, du même coup, offrent la même réponse. Si l'on respecte à son tour son propre père, alors on en infère qu'il faut respecter son grand-père également, voire ses parents en général. L'identité est préservée, affirmée, généralisée même. La division joue sur une rupture : elle fragmente ou abolit une fragmentation de départ, tandis que la transitivité l'accepte, mais pour l'inverser.

Reste l'identité que l'on véhicule par le jeu des probabilités. Malgré les différences possibles, on fait comme si celles-ci ne comptaient guère. On sait aujourd'hui qu'un fumeur sur deux aura un cancer dû au tabac et on en déduit que fumer est mortel. Même la contradiction est un argument identitaire, puisque révéler celle-ci détruit la réponse contradictoire et l'on retombe sur celle qui ne l'est pas. Mais ici on joue sur la différence. De la tautologie à la contradiction, la différence s'accroît, on en tient compte, mais on vise toujours, quand on argumente, à instaurer une identité. Au niveau de la relation intersubjective, celle qui lie l'*ethos* au *pathos*, on observe le même souci à l'œuvre. L'argument de réciprocité implique le *pathos* dans une identité convaincante, tandis que l'argument par le sacrifice sera invoqué par l'*ethos* pour mieux annuler sa différence et ainsi se mettre à niveau avec l'auditoire.

Les arguments quasi logiques portent donc sur le transfert de validité en raison de la forme de la relation, que celle-ci porte sur les individus ou sur la question même. Formellement, ils visent à vérifier la relation fondamentale suivante :

$$\frac{r_1}{q_1} = \frac{r_2}{q_2}$$

qui découle de $r_1 \rightarrow q_1.q_2$, si l'on accepte $r_1 = r_2$, ce que visent à montrer tous les arguments quasi logiques. Ceux-ci visent toujours à établir la relation ci-dessus. La démarche argumentative consiste à montrer qu'elle est d'application, qu'il y a bien un rapport de passage de r_1 à r_2 en raison de l'identité plus ou moins faible entre q_1 et q_2. Les procédés argumentatifs qu'a étudiés Perelman ont pour objectif de souligner cette identité interrogative, et comme r_2 vaut comme réponse pour q_2, il en résulte que r_1 qui vaut pour q_1, est rhétoriquement équivalente à r_2 *pour cette raison même*. L'argumentation, c'est l'art de faire croire que deux questions sont identiques. Tous les arguments quasi logiques sont des arguments *a fortiori* : si l'on respecte son père, *a fortiori* on doit respecter *les* pères (c'est la même problématique), donc son grand-père ; si les hommes sont égaux, *a fortiori* les étrangers le sont, car ce sont des hommes ; si toi, tu peux te permettre cela, si *r* est la réponse à *ton* problème, *a fortiori* je dois le pouvoir aussi, car je suis dans la même situation, devant le même problème. Bref, si la réponse r_1 vaut pour q_1, et que q_1, est (comme) q_2 d'une façon

ou d'une autre, alors r_2 vaut pour q_2, parce qu'elles entre-
tiennent, comme réponses, le même rapport.

Qu'en est-il maintenant des autres types d'argumentation
envisagés par Perelman? On y trouve *les arguments basés sur
la structure du réel* et *les liaisons qui fondent la structure du
réel*. Pourquoi cette double catégorisation? Après la forme, la
matière. Certes. Mais pourquoi aborder celle-ci comme le
suggère Perelman? Reprenons notre schéma de base $r_1 \rightarrow q_1.q_2$
avec comme conséquences, $r_1 \rightarrow r_2$ ou $r_1 = r_2$. Dire «r_1», c'est
dire «r_2». Cela n'implique pas que r_1, c'*est* r_2. Ce n'est pas
parce que dire r_1, c'est dire r_2, que $r_1 = r_2$. Dire «Il fait froid»,
c'est dire «Il faut mettre son manteau» n'implique en rien que
«Il fait froid», affirme la même chose que «Il faut mettre son
manteau». Ce serait absurde de le prétendre. Il y a donc une
asymétrie entre r_1 et r_2 et il en résulte que $r_1 \rightarrow r_2$. Mais que
signifie au juste la flèche de l'implication ici? La première
affirmation est une raison, un argument pour la seconde, et
c'est aussi une raison pour la *dire*. Elle dénote à la fois un
argument objectif et la raison *qui amène le locuteur à énoncer*
sa seconde affirmation. C'est cet argument puisé dans les
relations du réel qui fait qu'on relie une affirmation à une
autre. Elles épousent donc la réalité. Ici, le réel est vu comme
un argument. Mais ce n'est pas forcément le cas. Les liens du
réel n'épousent pas forcément la relation entre les propositions
elles-mêmes. On peut avoir une raison pour dire une chose,
sans que cette raison soit la cause objective qui fait de cette
chose ce qu'elle est. Je puis trouver injuste une situation qui
ressemble à un précédent jugé injuste, sans que ce soit la cause
de l'injustice en question. S'il est injuste de priver un travail-
leur X de ses droits, parce qu'on a estimé qu'il était juste qu'ils
aient ces droits, alors X ne peut être privé de ses droits. C'est ce
que Perelman appellera des arguments qui fondent la structure
du réel. On ne peut affirmer que l'injustice de la situation subie

par X est *causée* par celle des autres. On met simplement en
évidence une structure d'injustice, une réalité, à partir d'analo-
gies qu'on découvre avec d'autres cas. D'une manière géné-
rale, dire r_1 peut être une raison pour dire r_2 sans que r_1 implique
r_2 *dans les faits*. Dire que Pausanias a voulu une garde personnelle pour prendre le pouvoir est certainement un argument
pour ne pas en confier une à César, ou à quelqu'un d'autre,
mais ce n'est pas la *cause objective* qui fait que César ou
Napoléon sont devenus des dictateurs. Pausanias n'est pour
rien dans ce que César ou Napoléon feront. La raison « r_1 »
pour dire « r_2 » n'est pas ce qui fait que r_2 est vraie. Ce qui fait
que r_2 est vraie n'est pas r_1 : ce qu'a fait Pausanias n'est pas ce
qui a transformé César, Napoléon ou Hitler en tyrans. Autre
exemple : Socrate a le visage coloré, donc c'est une raison pour
dire qu'il a de la fièvre, mais s'il a de la fièvre, c'est bien sûr
pour une autre raison (un virus, par exemple). La rougeur de
son faciès n'est pas l'explication de sa fièvre, pas plus que la
température ne serait la cause de sa maladie. Mais s'il a de la
température, c'est une *raison* pour soutenir qu'il est malade.
Dire r_1, c'est dire r_2, mais rien ne prouve que r_1, c'est r_2, ou que
r_1 implique r_2 parce que « r_1 » (dire r_1) implique « r_2 » (dire r_2).
Que déduire de tout ce qui vient d'être souligné ?

　　Quand « dire r_1, c'est dire r_2 » repose sur le fait que r_1
implique r_2, on a une *argumentation basée sur la structure du
réel*. Ce qui est la source du dire r_1 r_2, c'est la relation effective
entre ce dont il est question dans r_1 et *ce* dont il est question
dans r_2. Le discours reproduit et met en évidence une relation
objective, causale même, qui lui est externe. Par contre, quand
dire « r_1 », c'est dire « r_2 » sans qu'il y ait de lien objectif entre r_1
et r_2, on a une liaison qui fonde la structure du réel, qui isole en
son sein quelque chose qui permet de le déchiffrer et le singu-
larise dans un aspect important pour l'auditoire et l'orateur.
Bref, « r_1 » = « r_2 », ou « r_1 » → « r_2 » n'implique pas que r_1 = r_2 ni

que $r_1 \to r_2$; en tout cas, si $r_1 \to r_2$, il faut le qualifier et le différencier de la causalité événementielle. Et c'est bien ce que fait Perelman ici, quand il distingue les deux formes d'argumentation, celle qui s'appuie sur le réel et celle qui illustre par ses conclusions, ce qu'est le réel d'une conclusion.

Examinons maintenant en détail ces deux situations. Commençons par les arguments tirés du réel. Pour affronter la question, il convient bien évidemment de préciser au départ ce qui caractérise le réel et les relations qui le définissent. Les liens les plus évidents sont ceux de succession d'événements et de coexistence, en gros, le temps et l'espace. Vu qu'il s'agit de rhétorique, le rapport à l'*ethos* et au *pathos* doit être constamment présent à l'esprit. Prenons l'argument de succession. Comment se traduit-il, si l'on cherche à convaincre quelqu'un avec ce genre de raisonnement? La première forme de succession est la causalité : si A, donc B. En termes rhétoriques, cela signifie : « si tu fais A, tu auras B ». L'*argument pragmatique* prend les conséquences en considération, pour décourager ou, au contraire, encourager l'interlocuteur de faire quelque chose. Envisagé du point de vue de l'*ethos*, il s'agit d'un transfert de valeurs de la cause à l'effet, et l'*évaluation* se fait en termes de *conséquences*. D'une façon générale, c'est le rapport moyen-fin qui est en jeu. Par ce genre d'arguments, l'orateur peut rendre une fin désirable ou valable. Il faut continuer, ne pas perdre de vue le cap, ne pas gaspiller ses moyens, etc. Ce sont autant de lignes directrices qui visent à mobiliser le *pathos*, l'auditoire. C'est l'argumentation par la réussite, qui plaît toujours, à titre de promesse, à l'interlocuteur. L'*argument de direction*, lui, correspond à une division par étapes. On est dans le lieu, le *topoi* du plus et du moins. Pour convaincre l'autre, on lui montre où l'on va. C'est progressif, c'est une direction. Ainsi, si on cède maintenant à un chantage, on en sera la victime demain, après-demain, et ainsi de suite. Ceci est un argument de direction, mais c'est bien sûr une modalité de l'argumentation par conséquences. La démarche opposée à cet argument est celui qui relève de l'argumentation du dépassement, qui vise à convaincre l'autre « d'y aller quand même ». Bref, quand on plaide pour une réponse, puisque c'est une réponse, il doit y avoir deux directions possibles, qui correspondent à l'alternative propre à toute question.

On a le sentiment que ces deux dernières modalités de liaisons causales prennent le point de vue du *pathos*. C'est l'auditoire qui est en question dans ses questions mêmes, alors que dans les autres cas, on a affaire aux conséquences mais vues du côté de l'*ethos*. L'orateur met en garde, souligne ce qu'il voit comme conséquences, met en scène des valeurs qu'il estime partagées et les défend. Par contre, dans l'argument de direction et dans celui de dépassement, c'est le point de vue de l'auditoire qui semble davantage mis en avant. Je reconnais que ce n'est pas toujours facile de départager ces deux points de vue, car l'orateur doit s'efforcer de se mettre à la place de l'auditoire, s'il veut être persuasif. C'est pour cela que j'ai proposé de dissocier l'orateur effectif du projectif, et l'auditoire effectif de l'auditoire projeté ou projectif.

Quant aux liaisons de coexistence, elles transforment les arguments *ad rem* en arguments *ad hominem*. La liaison acte/personne en est la première expression. On passe du *logos* à l'*ethos* : « c'est vous qui le dites ! » représente un argument de ce type où la critique de sa validité se déplace sur la personne et semble en dépendre, et voilà la suspicion jetée sur l'argument, alors qu'on ne s'est pas soucié de le réfuter en propre. Toute argumentation est en réalité un argument d'autorité. On fait confiance (ou non). Cela arrête le doute, le questionnement, la recherche infinie de justification aux justifications. Quand on fait porter son attaque directement sur l'orateur, c'est parce qu'il est dans ce qu'il dit, et qu'un décalage surgit aux yeux de l'auditoire entre ce qu'il prétend être et ce qu'il est véritablement. Là encore, il faudrait distinguer l'*ethos* effectif de l'*ethos* projectif pour bien rendre compte de ce décalage.

Les autres liaisons de coexistence que Perelman veut singulariser sont la *liaison symbolique* (le drapeau pour la nation, l'uniforme pour la fonction, etc.) et surtout ce qu'il appelle la *double hiérarchie*, qui s'applique d'ailleurs aux liaisons de succession également. On y rapporte une hiérarchie d'actes à des valeurs pour mieux véhiculer un assentiment. C'est de l'argumentation *a fortiori* : « si les dieux ne savent pas tout, encore moins les hommes ». Ou alors, on oppose : « si cet homme fut un ami perfide, comment croire qu'il se conduira loyalement par la suite ? ». C'est là une argumentation qui répond toujours à la structure $r_1/q_1 = r_2/q_2$; si r_1 répond à q_1, comme q_1 signifie q_2, alors r_2 découle de q_1.

Il nous reste à envisager les liaisons qui sont posées pour caractériser le réel. On y retrouve l'exemple, l'analogie, l'illustration, qui fondent le lien « dire r_1, c'est dire r_2 » indépendamment de ce qui relie r_1 à r_2 dans l'ordre des choses même.

À la *liaison* des notions s'oppose la *dissociation* des notions. Cela revient à dissocier r_1 de r_2. On pourrait croire que $q_1 = q_2$, donc que $r_1 = r_2$, mais il n'en est rien. L'exemple que donne Perelman est celui du couple *norme/normal*. En dissociant les deux, l'orateur veut montrer que se comporter normalement n'est pas forcément un idéal à suivre. « Vous faites comme les autres, mais faites-vous bien ? » est une question qui illustre cette dissociation et le refus de l'amalgame. « On n'est pas grand homme simplement en affirmant son pouvoir » est une autre illustration du mécanisme de dissociation. Celle-ci crée une rupture, formelle ou non, entre des concepts généralement associés, fût-ce à des individus.

En conclusion, on est bien forcé de constater qu'à l'intérieur des mécanismes d'association et de dissociation, un certain arbitraire règne dans la découpe. Pourquoi ces procédés-là et pas d'autres? Sont-ils alors les seuls? N'est-on pas conduit, du même coup, à privilégier d'autres lectures de la rhétorique pour qu'apparaisse la réelle systématicité du champ?

GLOSSAIRE

APOCRITIQUE : de *apokrisis*, en grec, qui signifie réponse. Une réponse qui est apocritique exprime la solution d'une question.

APODICTIQUE : ce dont le contraire est impossible, c'est la nécessité logique.

ARGUMENTATION : argumenter, c'est donner une réponse sur une question donnée en vue de la supprimer. L'accord résulte de cette suppression. Si le désaccord persiste, c'est parce que l'interlocuteur estime la question non résolue, et qu'il considère que la réponse proposée n'en est pas une (= n'est pas la bonne). L'argumentation fait partie de la rhétorique. S'il faut donner un argument, c'est parce qu'une question ne peut être offerte de but en blanc. Elle exige une médiation : une réponse à une question sert de réponse aussi à une autre, et elle en est alors l'*argument*. Un argument est une réponse qui est la raison d'une autre.

ARGUMENT AD REM : c'est un argument qui porte exclusivement sur *ce* dont il est question, sur la question même.

ARGUMENT AD HOMINEM : c'est un argument qui porte sur *la* différence et la distance entre individus.

DIALECTIQUE : c'est le terme qu'Aristote utilisait pour désigner l'argumentation.

DIFFÉRENCE PROBLÉMATOLOGIQUE : c'est la différence essentielle de la pensée : la différence question-réponse.

DISPOSITION : second moment d'une argumentation. C'est celui qui consiste à les exposer une fois trouvés. L'*exorde* s'attache à capter l'attention, voire la sympathie, de l'auditoire ; la *narration*, à les exprimer, la *démonstration*, à peser le pour et le contre, et l'*épilogue*, à trancher tout en jouant sur la fibre sensible et affective de l'auditoire. L'exorde renvoie à l'*ethos*, la narration et la démonstration, au *logos*, et l'épilogue ou conclusion, au *pathos*.

DOUBLET APOCRITICO-PROBLÉMATOLOGIQUE : toute réponse est un tel doublet. Répondant à une question, elle en soulève une autre. C'est ce qui fait qu'une réponse peut faire problème, être contestée, complétée, réinterprétée.

ENTHYMÈME : voir syllogisme argumentatif.

EPIDICTIQUE : genre où se jouent la louange et le blâme. C'est le discours où le problème vise à évacuer par un style plaisant, agréable, tout ce qui peut être problématique (ex. : les oraisons funèbres).

ETHOS : mot grec pour désigner l'orateur. Le caractère de l'orateur, son *ethos*, est ce qui rend crédible une argumentation en termes de *valeurs*. L'*ethos* se confond avec la vertu : ce n'est pas tant l'honnête homme qui est en jeu que l'homme honnête. L'*ethos* est le point d'arrêt du questionnement.

ETHOS EFFECTIF : c'est l'orateur tel qu'il est effectivement et non tel que l'auditoire se l'imagine. Il a une question en tête qu'il s'efforce de faire partager et d'en communiquer la réponse.

ETHOS PROJECTIF : c'est l'image que l'auditoire a de l'orateur, la projection de ses intentions, de sa sincérité et des valeurs qu'il incarne.

INVENTION : premier moment de mise en place d'arguments, qui consiste à les trouver.

LIEU (ou *topos*) : un lieu est un argument qui ne pose plus question et sert à la résoudre. Il y en a pour chaque alternative, un dans chaque sens. C'est aussi une prémisse en argumentation. Il y a des lieux communs aux individus qui interagissent et des lieux propres à la question débattue.

LOGOS : si le fait de parler ou d'écrire consiste à soulever une question pour en communiquer ou en demander la réponse, il faut que le *logos*, le langage, traduise la différence question-réponse selon ses diverses modalités. Le *logos* est le discours en tant qu'il traduit *ce* dont il est question au sein de réponses qui véhiculent cette différence.

LOI FONDAMENTALE DE LA RHÉTORIQUE ET DE L'ARGUMENTATION : $r_1 \rightarrow q_1.q_2$, donc r_2. Telle est la loi de base du champ. Une réponse à une question donnée en soulève une autre qui est, par rapport à elle, équivalente, ce qui permet de résoudre l'une par l'autre. Si l'on privilégie le point de vue de l'équivalence, on est en rhétorique stricto sensu, et si on considère plutôt que la réponse à la première question entraîne celle de la seconde question, on est en argumentation, puisque r_1 est un argument pour r_2.

MARQUEUR (ou connecteur) ARGUMENTATIF : marque dans le discours qui signale une alternative, celle dont il faut débattre et à laquelle il faut répondre, en précisant quelle opinion l'emporte sur l'autre. « Il fait beau *mais* pas assez chaud » signifie « non, on ne va pas se promener », le premier argument est en faveur de la réponse positive, le second va dans l'autre sens et l'emporte sur le premier, sinon on ne l'énoncerait pas.

MÉTAPHORE : une métaphore est un jugement où deux entités sont identifiées sur base d'une propriété commune qui a trait à ce dont il est question. Le reste de leurs attributs étant indifférents.

PATHOS : c'est le nom grec pour l'auditoire. La réceptivité caractérise ce dernier. Il réagit aux questions de l'orateur et à ses réponses en fonction de ses émotions et de ses passions (d'où le mot *pathos*), qui affectent son jugement.

PATHOS EFFECTIF : c'est l'auditoire réel qui opère en termes de valeurs plus que de questions, qui sont considérées comme subordonnées par rapport à celles-là.

PATHOS PROJECTIF : c'est l'idée que se fait l'orateur de son interlocuteur par rapport à la question soulevée.

PROBLÉMATICITÉ : c'est le caractère problématique, de mise en question, possible ou évident, des choses et des réponses qui se trouve affirmé ou souligné par cette idée. Le PROBLEMATIQUE est *ce qui est* ainsi en question.

PROBLÉMATOLOGIQUE : expression qui traduit une question. Une réponse problématologique est un discours second où se joue une question ou un problème.

PROBLEME : le problème est l'unité de la pensée, bien avant le jugement ou la proposition qui en constituent la réponse. C'est une alternative ou un ensemble d'alternatives, qui consacrent une indétermination à surmonter. Rhétoriquement, le problème est une demande adressée à autrui sur une question donnée.

QUESTION : une question est l'expression langagière d'un problème, lequel se traduit en général par plusieurs questions. Celles-ci répondent à la catégorisation des êtres, choses ou humains ; pour les catégoriser, on a recours au temps (*quand ?*), au lieu (*où ?*), à la quantité (*combien ?*), à la modalité (*comment ?*), à la raison (*pourquoi ?*) principalement. En rhétorique, une question est une mise en cause ou au contraire, quelque chose à défendre, suite à une mise en cause. C'est Autrui dans le *logos*. La question est la mesure de la distance qui affecte les individus. Plus c'est problématique entre eux, plus la distance est grande, et inversement.

RHÉTORIQUE : la rhétorique est définie comme l'art de bien parler, de convaincre et d'émouvoir par le discours, de donner des arguments. Au total, toutes ces définitions ne sont que des cas particuliers et partiels de la conception, qui fait de la rhétorique « la négociation de la différence entre individus sur une question donnée ».

SYLLOGISME : raisonnement dans lequel une affirmation étant posée, une conclusion *différente* en découle.

SYLLOGISME ARGUMENTATIF (ou enthymème) : raisonnement dans lequel une prémisse ou la conclusion demeure implicite, parce que problématique. Cela permet d'éviter l'affrontement sur la validité de ce qui est omis, ou tout simplement, de faire l'économie d'un ensemble de vérités sur lesquelles on ne va pas revenir.

TROPE : figure de style qui de par sa seule forme ne peut être prise au pied de la lettre et veut dire autre chose, répondant donc à une autre question.

TABLE DES MATIÈRES

TEXTES ET COMMENTAIRES

ACHEVÉ   D'IMPRIMER
EN FÉVRIER 2008
PAR L'IMPRIMERIE
DE LA MANUTENTION
A MAYENNE
FRANCE
N° 35-08

Dépôt légal : 1ᵉ trimestre 2008